Os Processos de Criação em
À Sombra das Raparigas em Flor

Estudos Literários 51

Apoio: CNPq

PHILIPPE WILLEMART

Os Processos de Criação em
À Sombra das Raparigas em Flor

A Pulsão Invocante e a Psicologia
no Espaço em Proust

Copyright © 2016 Philippe Willemart

Direitos reservados e protegidos pela Lei 9.610 de 19 de fevereiro de 1998.
É proibida a reprodução total ou parcial sem autorização, por escrito, da editora.

Dados Internacionais de Catalogação na Publicação (CIP)
(Câmara Brasileira do Livro, SP, Brasil)

Willemart, Philippe
Os Processos de Criação em À Sombra das Raparigas em Flor: *A Pulsão Invocante e a Psicologia no Espaço em Proust* / Philippe Willemart. – Cotia, SP: Ateliê Editorial, 2016. – (Coleção Estudos Literários)

ISBN 978-85-7480-732-4
Bibliografia

1. Crítica literária 2. Proust, Marcel, 1871-1922 – Crítica e interpretação 3. Psicanálise e literatura I. Título. II. Série.

16-02847   CDD-840.9

Índices para catálogo sistemático:

1. Proust: Literatura francesa: Crítica e interpretação   840.9

Direitos reservados à
ATELIÊ EDITORIAL
Estrada da Aldeia de Carapicuíba, 897
06709-300 – Granja Viana – Cotia – SP
Tel.: (11) 4612-9666
www.atelie.com.br / contato@atelie.com.br
2016
Printed in Brazil
Foi feito o depósito legal

Para meus estudantes do último curso sobre a obra proustiana na Universidade de São Paulo, oferecido em francês, este ensaio.

Sumário

Prefácio – *Guilherme Ignácio da Silva* 11

Introdução 17

PARTE I: A PULSÃO INVOCANTE EM *À SOMBRA DAS RAPARIGAS EM FLOR*. 21

1. A Arte do Retrato 23
2. A Verdade ou a Ternura 39
3. O *Boeuf Mode* e o Discurso de Norpois 55
4. O Jantar: O Novo Swann 67
5. Para que Serve a Literatura? 79
6. A Berma e Gilberte, Atrizes de Comédia 89
7. A Vocação 99
8. Uma Superfície Invisível 111
9. O Herói Lutando com seu Corpo 123
10. A Carta 133

11. As Derivas de Swann 143
12. Como Criar a Lembrança de uma Melodia? 153
13. Entre o Escritor e o Autor: Bergotte 165

Parte II: Acréscimos à Roda da Escritura 177
1. A Roda da Escritura 179
2. A Roda da Leitura 189
3. A Roda da Leitura para o Crítico 193

Bibliografia 201

Índice de Conceitos 207

Índice Onomástico................................... 211

Livros do Autor..................................... 215

Prefácio

Guilherme Ignácio da Silva
Unifesp

O novo livro de Philippe Willemart sobre a obra de Marcel Proust tem um recorte bastante preciso: em uma sequência de treze capítulos, o crítico analisa "somente a primeira parte" do primeiro capítulo de *À Sombra das Raparigas em Flor*. Os treze capítulos aprofundam o estudo do trecho do segundo volume de *Em Busca do Tempo Perdido* iniciado pela visita do ex-embaixador, Sr. de Norpois, à casa dos pais do herói. Passagem capital do livro, esse jantar é oportunidade para um primeiro balanço das mudanças de alguns dos personagens principais do livro: o requintado Charles Swann e o médico Dr. Cottard, ambos bastante diferentes agora da imagem que tínhamos deles nos primórdios do salão burguês dos Verdurin. O jantar também coincide com o momento de maior intensidade do interesse do herói pela filha dos Swann, Gilberte, e com a primeira ida do herói ao teatro, de onde ele trará as primeiras impressões (equivocadas) sobre a arte cênica.

Sabe-se que o tema do jantar é central na *Busca do Tempo Perdido*. Sem se dispersar narrando numerosas recepções, o narrador proustiano concentra sua força análise na descrição de recepções pontuais: além desse jantar com o velho embaixador, há o jantar de Swann no salão dos Verdurin, um jantar no salão da duquesa de Guermantes, uma recepção luxuosa no palacete da princesa de Guermantes, uma recepção à beira-mar, junto dos Verdurin, um jantar à beira da morte, de Norpois e da marquesa de Villeparisis (em Veneza) e a recepção final, no salão da nova princesa de Guermantes. O tema do jantar, em Proust, é o momento em que se reconhece sua vinculação (negativa) com a secular história da conversação francesa[1].

O ensaio de Philippe Willemart retoma os outros estudos que ele já dedicou à obra de Proust. E não são raras as transições entre diferentes episódios do ciclo de romances proustianos: embora se restrinja ao trecho inicial do segundo volume, em uma mesma página de seu livro, podemos entrar em contato com a síntese de leituras de vários volumes de *Em Busca do Tempo Perdido*.

Talvez o que é característico deste livro sobre as *Raparigas em Flor* é uma mobilização de um número considerável de passagens extraídas dos cadernos manuscritos de Proust: com a mesma facilidade com que transita entre os sete volumes do romance publicado, Willemart destaca com precisão trechos dos manuscritos proustianos registrando etapas muito diferentes da criação do livro.

Nesse sentido, a tese central de Willemart, que aparece dissimulada na consulta frequente aos manuscritos, vem formulada com precisão no capítulo sobre o sentido da literatura:

> É na medida em que o escritor, perseguindo seu desejo de escrever, será movido por um pedaço de real inconsciente do gozo que ele ousará franquear as barreiras eventuais da moral e inventar novas personagens ou situações que ressoarão nos seus contemporâneos ou nas gerações futuras (p. 86).

Origina-se desta tese a convicção que vincula a postura da escuta (analítica) ao ato fundador da prática criativa: "Para chegar

---

1. Cf. nesse sentido "Contre la Conversation: Proust et la Musique de la Vanité" em Emmanuel Godo, *Histoire de la Conversation*, Paris, PUF, 2003, pp. 268-276.

à vida instintiva, o artista deve suprimir qualquer ruído externo e se colocar na escuta desta vida, mas de uma maneira extremamente atenta como se escutasse um deus que fala" (p. 42).

Psicanalista de formação, Philippe Willemart nos indica, com suas análises, a postura do verdadeiro leitor de Proust, definida pelo próprio narrador do livro em suas audições musicais, quando procura "unir umas às outras [...] as linhas fragmentárias e interrompidas da construção, a princípio quase oculta na bruma"[2]; "como o público escutando um concerto de Mozart no qual o essencial está na melodia e na alternância dos instrumentos e não nas notas em si" (p. 60) o leitor de Willemart deve se deixar levar (*"se laisser mener"*) se entregar a essa "conversação" escrita, pois "contemplar, parar, se deixar levar, tomar o tempo necessário, são exigências da obra de arte" (p. 114).

No momento em que os indicadores Qualis moldam a prosa crítica endurecida das revistas indexadas, o texto de Philippe Willemart faz pensar em uma forma de prosa crítica originada do trabalho em sala de aula, em tom de conversa evocando lembranças – ainda que sejam lembranças de leituras.

Como "o analista que conclui as palavras do analisando", faz parte da proposta dos livros de Philippe Willemart sobre Proust conseguir verbalizar o que ficou apenas sugerido pelo escritor. Essa etapa da análise é expandida com desenvoltura pela alusão serena a descobertas científicas (com destaque para as formulações conceituais da psicanálise). Essa expansão interpretativa acontece com a rapidez de quem cita de cor e demonstra a todo instante a convicção – que já foi título de um de seus livros – de que a literatura e as artes estão (muito) além da psicanálise e das demais ciências.

Se a literatura e as artes estão para além de uma apreensão meramente conceitual, uma nova etapa da análise ficaria a cargo do leitor, pois nunca se esgotam as possibilidades interpretativas de uma obra literária. Seguindo as trilhas de expansão interpre-

---

2. Marcel Proust, *A Prisioneira*, trad. Manuel Bandeira e Lourdes Sousa de Alencar, São Paulo, Globo, 2011, p. 181.

tativa descortinadas por Willemart, a investigação sobre o Sr. de Norpois e o casal formado por Charles Swann e Odette de Crécy – tema que abre À *Sombra das Raparigas em Flor* – poderia se expandir ao pensarmos que para "a volúpia em juntar a si" a cortesã colaborava também o desejo masoquista de confirmação do sentimento do pária no ambiente sufocante dos salões remanescentes do *faubourg* Saint-Germain; por sua vez, a cortesã sádica – com quem tantos outros também gozavam – pode ter visto no judeu elegante a figura mal disfarçada do pária que desfruta de brevíssimo intervalo de prestígio mundano: a doença fulminante de Swann coincidirá com o acirramento do caso Dreyfus e as vantagens mundanas que a mulher adquire ao se assumir antissemita: "Moisés no Monte Sinai não entreviu o gozo divino e não voltou transformado?" (p. 40). Entre um jantar oficial e um artigo de jornal, as "mãos suaves" do Sr. de Norpois recomendarão em breve o manuseio de "fuzis de repetição" na guerra de vingança contra o capital judeu-alemão, guerra pela qual o embaixador anseia nas coxias. *Em Busca do Tempo Perdido* não é um livro de reminiscências passadas, mas uma leitura em surdina do futuro contido no instante.

*

A respeito do trabalho de Philippe Willemart com os manuscritos proustianos, vale lembrar que ele coordena a equipe brasileira no interior do projeto internacional de edição dos cadernos de esboços de Proust pela editora belga Brepols em parceria com a Bibliothèque Nationale de France. Introdutor da crítica genética entre nós, Willemart também possibilitou aos pesquisadores brasileiros de Proust entrar em contato com o acervo de manuscritos do escritor sob os cuidados da Equipe Proust do Institut des Textes et Manuscrits Modernes de Paris.

Aliás, não seria esse um dos maiores trunfos do trabalho de docência de Philippe Willemart? Antes das leituras teóricas, a verdadeira formação crítica depende sobretudo do acesso aos textos originais de um escritor. As aulas de Willemart que agora lemos em forma de livro, são modelos de apresentação das obras literárias por privilegiarem, antes de mais nada, o contato efetivo com os textos originais, sob a forma de esboços ou de texto publicado.

Introdução

Trataremos neste ensaio somente da primeira parte "Ao Redor de Sra. Swann"[1] da *À Sombra das Raparigas em Flor*. A obra editada em junho de 1919, decorre das exigências da editora Grasset que tinha recusado a terceira parte de *No Caminho de Swann*, estimada muito comprida, da qual fazia parte

[...] o devaneio sobre os nomes de lugares, a história de Gilberte no Champs-Élysées e uma primeira estadia na praia concluída por um novo devaneio sobre os nomes de lugares que dava ao herói o desejo de ver Florência. [...] Nos cadernos de rascunhos, a primeira parte de *À Sombra das Raparigas em Flor*, é indissociável da terceira parte do atual *O Caminho de Swann*, "Nomes de Países: o Nome". Assim, reunindo os que os acasos da edição tinham separado, Gérard Genette pode legitimamente chamar "Gilberte" o conjunto desta história. Com

---

1. O manuscrito da segunda parte foi estabelecido e apresentado por Richard Bales, amigo do qual lamentamos o falecimento, em Marcel Proust, *Bricquebec. Prototype d'A l'ombre des jeunes filles en fleurs,* Oxford, Clarendon Press, 1989.

efeito, seu tema principal é constituído pelos encontros do herói e Gilberte nos Champs-Élysées. Mas o título retido por Proust consagra a Sra. Swann como heroína do episódio. Tanto a metamorfose de Odette quanto os sofrimentos suportados pelo herói por causa de sua filha fazem da primeira parte de *À Sombra das Raparigas em Flor* uma espécie de contrabalance de "Um Amor de Swann". Uma primeira versão foi redigida mais ou menos de 1909 a 1911[2]. Uma parte desta sendo editada em *O Caminho de Swann* em 1913, o que sobrou será aumentado consideravelmente antes de constituir "Ao Redor de A Sra. Swann" tal qual o lemos hoje [...] [No entanto] enquanto apareçam somente no último terço de *À Sombra das Raparigas em Flor*, as moças se impõem curiosamente, pelo viés do título, ao volume inteiro[3].

O título do volume não foi escolhido facilmente também não:

Desde os dia 5, 6 ou 7 de novembro de 1913, Proust escrevia para René Blum que o segundo volume anunciado com o título *O Caminho de Guermantes* se chamaria talvez *À Sombra das Raparigas em Flor* ou talvez *As Intermitências do Coração* (*Les Intermittences do coeur* ou talvez *A Adoração Perpétua* (*L'Adoration perpétuelle*) ou talvez *As Columbas Apunhaladas* (*Les Colombes poignardées*)[4].

O ensaio foi na origem a preparação de uma disciplina para estudantes do último ano da graduação em francês na Universidade de São Paulo, o que explica seu caráter didático e provavelmente repetitivo para os proustianos experientes, pelo qual peço vênia.

Numa primeira parte, leremos treze análises que percorrem o livro até as numerosas páginas sobre o escritor Bergotte onde parei.

---

2. Caderno 67 de 1909, fólio 25 r° do Caderno 38 de maio-agosto de 1910, fólios 41 a 45 do caderno 28 de abril-maio de 1910, cadernos 20, 21 e 24 do fim de 1911, início de 1912.
3. Marcel Proust, "Introduction", *A l'ombre des jeunes filles en fleurs*, em *A la Recherche du temps perdu*, Paris, Gallimard, 1989 (Pléiade), p. 1282.
4. *Idem*, p. 1287. Estes títulos foram explorados pelos críticos: Pietro Citati, *La Colombe Poignardée. Proust et la Recherche*, Paris, Gallimard, 1998. Fabio Carpi, *O Intermittenze del Cuore*, Rome, Gremese editore, 2004 e o filme do mesmo nome e do mesmo autor, "Fabio Carpi, *Les Intermittences du cœur*", por Danièle Gasiglia-Laster, *Bulletin Marcel Proust* n° 53, 2003, pp. 155-160.

Numa segunda parte, aperfeiçoei o que tinha elaborado sobre as rodas da escritura e da leitura nas obras anteriores, com a ajuda das descobertas proustianas e outras.

O primeiro título escolhido era *O Doce Cantor* considerando a importância do escritor Bergotte para o herói. Esse título tem relação com as pesquisas sobre o ritmo iniciadas por Jean Milly, há alguns anos, pesquisa que continuei baseando-me em Lacan e Quignard e que insistem no lugar central da pulsão invocante nestas tentativas de captar o Real no ato da escritura e da leitura. Por outro lado, a roda evoca também e muito a psicologia no espaço descrita pelo narrador proustiano em *O Tempo Redescoberto*. A riqueza da invenção proustiana consiste em contar não somente com a dimensão temporal, o que a ciência estática e newtoniana de seu tempo não podia conceber e que Einstein[5] valorizou, mas a jogar com o pulo em cima dos acontecimentos e da vida do herói, em outras palavras, esquecer o fluxo cronológico do tempo. Parecido nisso com o que realiza o analisante no divã, o narrador mostra uma lógica dos acontecimentos que não depende das reminiscências no sentido platônico do termo, mas de uma memória simbólica ou lógica que, a partir de uma primeira lembrança, tenta se constituir[6].

Assim, o doce cantor e a psicologia no espaço se completam, o primeiro acentuando a voz e o ritmo ativados pela pulsão invocante, e o segundo, sugerindo o movimento contínuo da roda

---

5. "Voir Proust et les sciences dans Georges Cattaui", *Proust et ses métamorphoses*. Paris, Nizet, 1972, p. 243.
6. "[...] as leis da rememoração e do reconhecimento simbólico, com efeito, diferem em sua essência e sua manifestação das leis da reminiscência imaginára, isto é, do eco do sentimento ou do sinete (*Pragüng*) instintivo, mesmo que os elementos que ordenam as primeiras como significantes sejam retirados do material e as segundas dão significação" (Jacques Lacan, *Escritos*, p. 433) e "o que distingue Freud de todos os autores que escreveram sobre o mesmo assunto, e inclusive o grande Fechner ao qual ele se refere sem parar, é a ideia de que o objeto da busca humana nunca é um objeto de reencontros no sentido de reminiscência. O sujeito não reencontra os trilhos pré-formados de sua relação natural com o mundo exterior. O objeto humano se constitui sempre por intermédio de uma primeira perda. Nada de fecundo oorre para o homem a não ser por intermédio de uma perda do objeto" (Jacques Lacan, *O Seminário. Livro 2*, p. 174).

que cria uma espaço próprio, da onde surge o título escolhido. Aliando uma leitura psicanalítica à crítica genética, recorrerei aos manuscritos proustianos se for necessário.

PARTE I

A Pulsão Invocante em
À Sombra das Raparigas em Flor

1
A Arte do Retrato

Quando pela primeira vez se tratou de convidar o Sr. de Norpois para jantar em nossa casa, como lamentasse minha mãe que o professor Cottard estivesse em viagem e que ela própria houvesse deixado completamente de frequentar Swann, pois tanto um quanto outro certamente interessariam ao ex-embaixador, respondeu-lhe meu pai que um conviva eminente, um sábio ilustre, como Cottard, nunca faria má figura à mesa, mas que Swann, com sua ostentação, com seu jeito de proclamar aos quatro ventos as mínimas relações, não passava de um vulgar parlapatão que o marquês de Norpois sem dúvida acharia, segundo sua expressão, "nauseabundo". Essa resposta de meu pai requer algumas palavras de explicação, pois certas pessoas talvez se lembrem de um Cottard bastante medíocre e de um Swann, que em matéria mundana, levava a modéstia e a discrição à mais extrema delicadeza[1].

Esta apresentação das personagens não é estranha no contexto da publicação do segundo volume de *Em Busca do Tempo*

---

[1]. Marcel Proust, *À Sombra das Raparigas em Flor*, trad. Mario Quintana, São Paulo, Globo, 2006, p. 18.

Perdido. É preciso lembrar que *À Sombra das Raparigas em Flor* obteve o Prix Goncourt em dezembro de 1919 e foi editado separadamente, o que explica as primeiras linhas e a chamada para os leitores. Proust não descreveu a comédia humana como Balzac, mas se inspirou nela para a retomada das personagens pelo menos. O narrador o afirma indiretamente em *A Prisioneira* quando imagina como Wagner ou Balzac chegaram a integrar diferentes óperas para o primeiro e vários romances para o segundo:

> Wagner, tirando de suas gavetas um trecho delicioso para introduzi-lo como tema retrospectivamente necessário numa obra em que não pensava no momento de o escrever e, depois, havendo composto uma primeira ópera mitológica, uma segunda e mais outras, percebendo de repente que acabara de fazer uma tetralogia, deve ter sentido um pouco do mesmo transporte que sentiu Balzac, quando lançando aos seus romances o olhar a um tempo de estranho e de pai, achando num a pureza de Rafael, noutro a simplicidade do Evangelho, considerou subitamente, ao projetar sobre eles uma iluminação retrospectiva, que ficariam mais belos reunidos num ciclo em que as mesmas personagens reaparecessem e acrescentou à sua obra, nesse trabalho de coordenação, uma pincelada, a última derradeira e a mais sublime[2].

Não posso deixar passar este trecho sem observar o paralelo entre "a iluminação retrospectiva" e "o só depois" freudiano. Enquanto, este reina na análise e permite ao analisando encontrar uma lógica no seu passado, para liberar os significantes lotados de significados fixos que impedem o desejo de circular a vontade, o escritor já autor num movimento muito mais amplo dá também uma olhada no passado da escritura para encontrar aí uma lógica que poderia chamar genética. É uma outra maneira de chamar "a iluminação retrospectiva" do narrador, mas que menos poética, insiste mais na coerência e na construção do texto, que o autor persegue sem saber, no entanto[3].

---

2. *A Prisioneira*, trad. Manuel Bandeira, São Paulo, Globo, 2011, p. 182.
3. Luc Fraisse observa em *Proust à l'Ecole d'Edgar Poe*, o quanto "o *Método de Composição* de Poe desperta muitos ecos em Proust", notadamente a importância

Retomando o comentário de *À Sombra das Raparigas em Flor*, mesmo se o narrador não se denomina secretário do Estado-Civil como Balzac, ele exerce de tal maneira o espírito de observação que se torna verdadeiro fotógrafo da alta burguesia, da aristocracia e de todos aqueles que os cercam, os domésticos, os lacaios, as arrumadeiras etc., mas diferente de Balzac e Wagner, o escritor Proust contava desde o início compor três volumes pelo menos nos quais as personagens reapareceriam.

O narrador espera o espanto do leitor e se justifica sublinhando que se trata da opinião do pai do herói, embora admita que o casamento transformou Swann, ou melhor, que Odette tinha reinventado seu marido, o que implica subentendidamente que o narrador construiu Swann como se fosse Odette, ou como se ele tomasse o ponto de vista de uma mulher.

Mas, havia acontecido que ao "filho de Swann", e também ao Swann do Jockey, o outrora amigo de meus pais acrescentava uma personalidade nova (e que não devia ser a última), a de marido de Odette. Adaptando às humildes ambições dessa mulher o instinto, a vontade e a perícia que sempre tivera, empenhara-se em construir, muito abaixo da antiga, uma posição nova e adequada à companheira que com ele a partilharia. Ora, nisto, Swann se mostrava outro homem. Pois, (embora continuando a frequentar sozinho seus amigos pessoais, a quem não queria impor Odette quando não lhe solicitava espontaneamente que a apresentasse) como era uma segunda vida que ele começava junto com a mulher, em meio a criaturas novas, ainda se compreenderia que, para avaliar a posição destas últimas, e por conseguinte, o prazer de amor-próprio que poderia experimentar em recebê-las, Swann se servisse, como ponto de comparação, não das pessoas mais brilhantes que formavam sua sociedade antes do casamento e sim das relações anteriores de Odette. Mas, ainda que se soubesse que era com deselegantes funcionários, com mulheres depravadas, ornamento de bailes ministeriais, que Swann desejava ligar-se, causava espanto ouvi-lo, a ele que outrora e, ainda hoje, tão delicadamente dissimulava um convite de Twickenham ou do Buckingham Palace, proclamar em alto e

dada à iluminação retrospectiva ou ao só depois (*La petite musique du style*, Paris, Garnier, 2011, p. 168).

bom som que a mulher de um subchefe de gabinete fora visitar sra. Swann. Talvez se atribua a isso a que a simplicidade do Swann elegante não fora senão uma forma refinada de vaidade, conseguindo ele, como certos israelitas, apresentar alternadamente os estados sucessivos por que haviam passado os de sua raça, desde o esnobismo mais ingênuo e a mais grosseira descortesia à mais fina polidez[4].

O narrador dá aqui uma ideia de uma análise psicológica na boa tradição francesa como destacava judiciosamente Jacques Rivière na sua apreciação desta parte de *Em Busca do Tempo Perdido*. O ser humano, e ele toma como exemplo a personagem Swann, não muda apenas seguindo sua raça, mas também segundo as circunstâncias. Por que a raça judia é tomada como exemplo? Provavelmente, a ascendência materna do escritor que faz de seu narrador um porta-voz é um dos motivos, embora aqui o narrador focalize mais os israelitas do que os judeus.

Qual é a diferença? No *Dictionnaire Marcel Proust*, o verbete "judeidade" lembra que:

> Proust utiliza dois termos para designar a comunidade judia de sua época: o de "israelita" que foi adotado pelas comunidades da França após a revolução em vista de valorizar sua pertença à nação francesa – sujeito francês de confissão mosaica. O termo "judeu", indica uma condição, o testemunho de uma judeidade[5].

No entanto, se endossarmos Daniel Boyarin, "a judeidade perturba todas as categorias de identidade, porque ela não é nem nação nem genealógica nem religiosa, mas todas ao mesmo tempo em tensão dialética"[6]. Swann testemunha, portanto, de uma identidade judia sem nenhuma sombra de dúvida.

E o moralista continua seu comentário:

---

4. *À Sombra das Raparigas em Flor*, pp. 18-19.
5. Juliette Hassine, "Judéidade", *Dictionnaire Marcel Proust*, Paris, Honoré Champion, 2004, p. 537.
6. Daniel Boyarin, *A Radical Jew: Paul and the Politics of Identity*, Berkeley (Californie), University of California Press, 14 octobre 1994.

Mas a principal razão, e aplicável à humanidade em geral é que nossas próprias virtudes não são algo de livre, de flutuante, e do qual conservemos a disponibilidade permanente; elas acabam por associar--se tão estreitamente em nosso espírito, às ações antes as quais nos impusemos o dever de exercê-las que, se nos surge alguma atividade de outra natureza, pega-nos completamente desprevenidos e sem que nos ocorra ao menos a ideia de que ela poderia permitir o emprego dessas mesmas virtudes[7].

Lembrando, portanto, a inserção de Swann na sociedade das boas maneiras, o narrador destrói ou "desconstrói" de uma certa maneira a imagem que o leitor tinha imaginado em *O Caminho de Swann* para reconstruí-la, retomando aspectos da psicologia no espaço. O "caso" Swann é "aplicável à humanidade", ele salienta. Se revolucionamos no sentido cosmológico do termo ao redor de tal ou tal pessoa, nossas virtudes serão ativadas se a situação for idêntica ou habitual, mas elas não seriam capazes de se adaptar a uma ação diferente. O narrador parece dizer que voltaríamos neste caso às virtudes menores, isto é "à mais grosseira descortesia ou ao esnobismo mais ingênuo", primeira etapa da adaptação de um novo rico numa sociedade. Swann teria desejado "pertencer a uma elite" como "o esnobe [que] tende a reproduzir o comportamento de uma classe social ou intelectual estimada superior, da qual ele imita muitas vezes os signos distintivos: linguagem, gostos, modas ou hábitos de vida?"[8] Provavelmente, poderíamos afirmar isso do avô ou do Swann pai, mas não do filho que frequentava os salões mais refinados de Paris.

Constatamos, no entanto, que desposando Odette, Swann "desce" na hierarquia social para adotar de fato a língua, a moda e os gostos da nova classe. É outra sorte de inversão não sexual, mas social, contrária ao exemplo do marquês de Norpois que quer sempre "subir", como veremos mais tarde.

---

7. *À Sombra das Raparigas em Flor*, p. 19.
8. <http://fr. wikipedia. org/wiki/Snob>.

Quanto ao hábito da virtude, ele seria, portanto, fruto de um treinamento ou de uma educação em certas circunstâncias. O comportamento adotado decorreria apenas da vaidade ou de uma satisfação exagerada de se? Virtude e comportamento seriam a mesma coisa para o narrador?

O peso maior dado aparentemente à vaidade em si, não faz esquecer a psicologia no espaço desenvolvida em *O Tempo Redescoberto*, que supõe relações constantes com os objetos ou com as pessoas amadas ou odiadas, aqui entre Swann e Odette.

A vaidade não seria um velho conceito para designar o que a psicanálise chama o "eu ideal" ou a ideia que faço de mim mesmo, e que pretendo mostrar aos outros? Embora pretensão vã como cada um sabe, podemos assimilá-la à vaidade se esta imagem ultrapassa os fatos. O "eu ideal" é, no entanto, contrabalanceado pelo "ideal do eu" que, destacado da libido ou das pulsões, gostaria num esforço bem inconsciente de imitar uma figura, elevada à dignidade de modelo. Neste sentido, a identidade que imaginemos ter, balançada entre o "eu ideal" e o "ideal do eu", regulamentaria em parte nossos comportamentos e nossas virtudes; a vaidade seria uma consequência deste difícil equilíbrio e não uma qualidade ou um defeito maior.

O psicólogo austríaco Paul Diel sustenta por outro lado que, "atrás a vaidade, que é uma sobrevalorização de si, se esconde a estima de si"[9]. No caso do esposo de Odette, é difícil acreditar que esta volta por causa do casamento provoca em Swann uma valorização de si.

Além do casamento, o narrador encontra um segundo motivo para explicar o comportamento de sua personagem:

> Swann, assim tão pressuroso com aquelas novas relações, e a citá-las com orgulho, era como esses grandes artistas, modestos ou generosos que, quando se põem no fim da vida a tratar de cozinha ou de jardinagem, demonstram uma ingênua satisfação com os louvores concedidos a seus pratos ou a seus canteiros; para os quais não admitem a crítica

---

9. Martine Castello, *Pour Paul Diel, notre spiritualidade remonte aux pulsions vitales des bactéries*. <http://0. nouvellescles. com/article. php3?id_article=948>.

que facilmente aceitam quanto se trata de suas obras-primas; ou que, dando de graça uma de suas telas, não podem em compensação perder sem mau humor quarenta vinténs no dominó[10].

Swann se vangloria não apenas de suas novas relações, mas não aceita nenhuma crítica sobre sua segunda vida sem coerência com seu comportamento anterior, como se trocasse de identidade com ou por causa de seu casamento[11]. Porque esses grandes artistas admitem a crítica de suas obras e não a de sua jardinagem ou de sua cozinha? Provavelmente, porque na primeira, trata-se de uma obra coletiva, assinada pelo autor após numerosos rascunhos e rasuras através dos quais pode ouvir a tradição e os terceiros, enquanto o escritor ou seu eu imaginário se encarnou de preferência no jardineiro ou no cozinheiro, nos quais como uma criança, iniciou espontaneamente e admite somente encorajamentos.

Swann preso na sua nova função de "esposo de Odette" não abandona suas atitudes habituais do passado; mais simplesmente as esquece porque elas não fazem mais parte da vida dele. Como um vestido que somente serve em tal e tal circunstância, Swann renuncia ao comportamento anterior porque mudou de meio e não serve mais. Ele não nasceu com esses costumes ou estas virtudes contrariamente ao que se acredita. Este "Swann, com sua ostentação, com aquele jeito de proclamar aos quatro ventos as mínimas relações, não passava de um vulgar parlapatão que o marquês de Norpois sem dúvida acharia segundo sua própria expressão, 'nauseabundo' "[12], não é o fruto de uma educação, mas do meio frequentado como sustém Taine que certamente foi lido pelo narrador.

---

10. Proust, À Sombra das Raparigas em Flor, p. 19.
11. Alexandre Bebiano de Almeida, "O Caso do Diletante: a Personagem de Charles Swann e a Unidade do Romance Em Busca do Tempo Perdido" na qual sublinha o espírito de colecionador sado-maso de Swann que o teria empurado a desposar Odette: <http://www. teses. usp. br/teses/disponiveis/8/8151/tde-12092008-164239/fr. php>.
12. À Sombra das Raparigas em Flor, p. 20.

"Quanto ao professor Cottard, tornaremos a vê-lo longamente, muito mais tarde, com a patroa, no castelo de Raspelière"[13].

O narrador fala nitidamente com o leitor utilizando o *on* como se se distanciasse do *je* que escreve "minha mãe", "meu pai" e anuncia o que vai acontecer: "na patroa". Este deslocamento no mesmo parágrafo remete ao mesmo tempo à elaboração de Marcel Muller sobre as sete vozes narrativas[14], a sua crítica por Gérard Genette[15] e ao verbete "narrador" do *Dicionnaire Marcel Proust* redigida por Brian Rogers. Este último prefere identificar o narrador ao eu que narra: "a biografia espiritual do narrador é mais rica em contradições do que o magro balanço dos acontecimentos que apareceram na sua vida. É a história do nascimento, a coexistência e as relações entre os eu sucessivos"[16]. No entanto, neste trecho, é bastante fácil distinguir o narrador do eu que narra, e de perceber como eu defendo, um narrador anónimo, verdadeira matriz poética de *Em Busca do Tempo Perdido*[17], que possui o que Genette nomeia "uma essência intemporal".

Quanto a Cottard, pelo contrário, era já bastante remota a época em que o vimos assistir à estreia de Swann nos Verdurin; ora, as honrarias, os títulos oficiais, vem com os anos. Em segundo lugar, bem se pode ser iletrada, fazer trocadilhos estúpidos e possuir um dom particular que nenhuma cultura geral substitui, como o dom de grande estrategista ou de grande clínico. [...] Mas louvava-se a prontidão, a profundeza, a segurança de seu olho clínico, de seu diagnostico [...]. no que concerne ao conjunto de aspectos que o professor Cottard exibia um homem como meu pai, observe-se que a natureza que apresentamos na segunda parte da nossa vida não é sempre, embora o seja muitas vezes, a nossa natureza primeira, desenvolvida ou mirrada, acrescida ou atenuada; é muitas vezes uma natureza inversa, uma verdadeira roupa às avessas. Exceto em casa dos Verdurin, que estavam caídos por ele, o

---

13. *Idem, ibidem.*
14. Marcel Muller, *Les voix narratives dans la Recherche du temps perdu*, Genève, Droz, 1965.
15. Gérard Genette, *Figures III*, Paris, Seuil, 1972, p. 234.
16. *Dictionnaire Marcel Proust*, p. 676.
17. Willemart, *Proust, Poeta e Psicanalista*, Cotia (SP), Ateliê Editorial, 2000, pp. 31-32.

ar hesitante de Cottard, e a sua timidez e a sua amabilidade excessivas lhe haviam acarretado, na juventude, perpétuas zombarias. Que caridoso amigo lhe aconselhou o ar glacial? A importância da sua posição lhe tornou mais fácil assumi-lo. Por toda parte, a não ser nos Verdurin, onde se tornava instintivamente ele mesmo, mostrava-se frio, silencioso, peremptório quando era preciso falar, não se esquecendo de dizer coisas desagradáveis. Pôde ensaiar essa nova atitude em face de clientes que, não o tendo ainda visto, não estavam aptos a fazer comparações e muito admirados ficariam ao saber que ele não era homem de natural rudeza. O que antes de tudo visava era a impassividade e, até no seu serviço do hospital, quando soltava um daqueles trocadilhos que faziam rir a todos, desde o chefe da clínica até o mais recente externo, era sempre sem mover um só músculo da face, aliás irreconhecível desde que raspara a barba e o bigode[18].

Como Swann, Cottard se adapta ao meio frequentado, o salão Verdurin ou a Faculdade. Entretanto neste segundo período de sua vida, ele mudou apenas aparentemente, segundo o narrador. O que define esse segundo período? Não está claro. A idade de cinquenta anos? O êxito profissional? O narrador se contenta em distinguir a primeira natureza da mesma "natureza desenvolvida, murcha, grossa ou atenuada" como se a primeira contivesse em germe a segunda que é somente uma consequência. Todavia, fora estes critérios psicológicos ou sociais do ponto de vista da narrativa, o segundo período corresponde, se não me engano, ao que segue nesta imensa analepse que caracteriza *No Caminho de Swann*.

Segundo as personagens, o narrador bastante flexível segue a teoria de Taine ou da frenologia via Balzac. Lembremos a descrição do usuário Gobseck da figura igual à lua que, diferente de Cottard sempre hesitante, tímido, demais amável e contador de piadas, fica impassível em todas as suas ações e com qualquer meio. A constância interna do caráter de Cottard[19] enriquece a personagem que, ao contrário de Swann inteiramente devorado

---

18. *À Sombra das Raparigas em Flor*, pp. 20-21.
19. Serge Béhar, "Cottard ou un paysan à Paris. Portraits de médecins", *Cahiers Marcel Proust*, Paris, Gallimard, 1970. 1, pp. 137-ss.

por seu novo meio, mantém uma mesma natureza apesar de um comportamento diferente.

Enfim, continuando uma tradição em voga no século XVII por La Bruyère, o Cardeal de Retz, Rochefoucauld, Molière e outros, o narrador termina sua galeria de retratos apresentando a terceira personagem: o marquês de Norpois.

Fora ministro *plenipotenciário* antes da guerra e embaixador no Dezesseis de Maio, e, apesar disso, para surpresa de muitos, varias vezes encarregado, posteriormente, de representar a França em missões extraordinárias e mesmo como fiscal da Dívida, no Egito, onde, prestara importantes serviços graças à sua grande capacidade em finanças por gabinetes radicais que um simples burguês reacionário recusaria a servir, e aos quais o passado do sr. de Norpois, suas ligações e opiniões deveriam torná-lo suspeito. Mas esses ministros progressistas pareciam cônscios de que demonstravam com tal designação que largueza de espírito era a sua, quando se tratava dos interesses superiores da França; e assim, se punham-se a margem dos políticos merecendo até mesmo o *Journal des Débats* os qualificasse de estadistas e aproveitam-se enfim, do prestígio ligado a um nome aristocrático e do interesse que sempre desperta, como um lance teatral, uma nomeação imprevista. E sabiam também que podiam auferir essas vantagens, apelando para o Sr. de Norpois, sem ter que recear desde alguma deslealdade política, contra a qual o nascimento do marquês devia não pô-los em guarda, mas garanti-los. E nisso o governo da República não se enganava[20].

Enquanto Cottard é definido ao mesmo tempo por seu caráter e sua função, Swann apenas por seu comportamento no mundo, o marquês é, momentaneamente, desenhado pelas missões executadas para o governo. O retrato é uma verdadeira homenagem à aristocracia que, qualquer que seja a ideologia dos governos, está a serviço da França e preenche assim a função que sempre lhe coube na sociedade desde a Alta Idade Media, defender o país pelas armas ou a diplomacia.

20. *Idem*, pp. 21-22.

A importância do nome é de novo salientada, mas muda de objeto. Não são mais nomes de país como na última parte de *No Caminho de Swann*, mas nomes de personagens cujo conteúdo anuncia *O Caminho de Guermantes* no qual o nome da duquesa será objeto da escritura e fará o encanto do herói.

Antes de tudo porque uma certa aristocracia, acostumada desde a infância a considerar o seu nome uma vantagem interior que nada lhe pode arrebatar (e cujo valor conhecem exatamente os seus pares, ou aqueles de nascimento ainda mais elevado), sabe que pode evitar, pois nada de mais lhe trariam os esforços que fazem tantos burgueses, sem apreciável resultado ulterior, para só professarem opiniões convenientes e só frequentar gente bem pensante[21].

O nome fala sustém e engrandece seu portador, pouco importa seu físico ou sua moral. Enquanto a notoriedade de Cottard não tem nada a ver com seu nome e é devida primordialmente a suas qualidades profissionais, o que sublinha o espírito burguês, o nome aristocrata ou o pequeno "de", ao contrário, vem antes das qualidades particulares de seu detentor. O mito da *Bela Adormecida*, seus príncipes e suas princesas continua assombrando nossas mentes, não apenas através dos contos e lendas de nossa infância, mas também ao nível dos governos, europeus pelo meno, sempre respeitosos do Segundo Estado de antes da Revolução Francesa. Na sua deferência pelos nomes, a sociedade europeia ainda se divide em castas bem hierarquizadas.

Por outro lado, preocupada em engrandecer-se aos olhos das famílias principescas ou ducais, abaixo de quem está imediatamente situada, sabe essa aristocracia que só o pode fazer aumentando o seu nome com o que este não continha, com o que, em igualdade de títulos, lhe permite prevalecer: uma influência política, uma reputação literária ou artística, uma grande fortuna. E as atenções de que esta aristocracia prescinde no tocante a um inútil fidalgo provinciano disputado pelos burgueses e a cuja amizade improfícua um príncipe não ligaria a

---

21. Idem, p. 23, *O Caminho de Guermantes*, p. 671 e Willemart, *A Educação Sentimental em Proust*, p. 129.

menor importância, há de prodigá-las aos políticos, ainda que sejam franco-maçons, que podem dar acesso às embaixadas ou servir de patronos nas eleições, bem com aos artistas ou aos sábios, cujo apoio a auxilia a "furar", no setor em que se distinguem, a todos aqueles, enfim, que estão em condições de conferir mais uma distinção ou facilitar um casamento[22].

Diferente do Prólogo da *A Menina dos Olhos de Ouro* no qual Balzac encerra os aristocratas no mesmo círculo de Dante no qual "ricos, ociosos, felizes e rendeiros, [...] roídos pela vaidade", os grã-finos "não somente se ocupam em se fabricar felicidade [...] nos grandes salões arejados e dourados, e nos hotéis com jardim"[23], a descrição da classe aristocrática é mais fina em Proust já que distingue os príncipes e os duques dos outros nobres.

Os aristocratas como o marquês de Norpois, ainda querem subir pela política, o casamento, a literatura, a arte ou a fortuna, meios de aumentar o nome, outra forma de vaidade já que se trata de "engrandecer-se aos olhos das famílias principescas ou ducais". Os Guermantes mais nobres do que o rei[24] e a duquesa "a única de sangue sem mescla, ela que, nascida Guermantes, podia assinar 'Guermantes-Guermantes'"[25].

À sociologia da classe aristocrática, sucede o retrato do marquês.

Mas, no tocante ao sr. de Norpois, acontecia principalmente que, numa longa prática da diplomacia, se imbuíra desse espírito negativo, rotineiro, conservador, chamado "espírito de governo" e que é com efeito o de todos os governos e, em particular, sob todos os governos, o espírito das chancelarias. Adquirira na carreira diplomática a aversão, o temor e o desprezo desses procedimentos mais ou menos revolucionários e pelo menos incorretos, que são os procedimentos das oposições. Exceto entre alguns iletrados do povo e da sociedade, para quem a diferencia de gêneros é letra morta, o que reaproxima

---

22. *À Sombra das Raparigas em Flor*, p. 23.
23. Honoré de Balzac, *La fille aux yeux d'or*, Paris, Gallimard (poche), 1958, p. 177.
24. *Sodoma e Gomorra*, trad. Mário Quintana, São Paulo, Globo, 2008, p. 560.
25. *O Tempo Redescoberto*, trad. Lucia Miguel Pereira, São Paulo, Globo, 2013, p. 357.

não é a comunidade de opiniões, mas sim a consanguinidade dos espíritos[26].

A "consanguinidade dos espíritos" não partilha necessariamente a mesma opinião literária ou política, mas se encaixa, qualquer que seja o campo, em "espírito negativo, rotineiro, conservador" que se opõe ao novo, à aventura e à contestação. O narrador introduz em seguida o poeta Paul Claudel, Alexandre Ribot, o contestatário da política religiosa do Ministério Combes e o acadêmico Paul Deschanel, *chef* do partido progressista dos anos 90[27].

O que pensar desta nova intromissão da realidade na ficção que coloca no mesmo nível um embaixador fictício, Norpois, e personagens históricos, Claudel, Combes e Ribot?

Se acompanharmos Kate Hamburguer, estes homens conhecidos, uma vez citados no quadro da ficção, se tomam personagens mantendo, no entanto, na sua espessura semântica os traços de seu inspirador que é fácil situar. Mas, as personagens de ficção como Norpois podem acumular caráteres de mil pessoas e não ser identificável a nenhum em particular. Por isso, Proust preferia a invenção de uma personagem à sua construção com ajuda de uma pessoa real.

As relações do pai e da mãe do herói com o embaixador são evocadas e dão a medida de uma psicologia fundamentada na relação. Apesar de seu mutismo habitual explicado pelo peso que ele dá as palavras "nos quais ele vê um mundo", Norpois tinha feito amizade com o pai do herói. A mãe, embora o achando *vieux jeu*, queria ser agradável ao marido e se esforçava, sublinha ironicamente o narrador, em encontrar nele qualidades.

Através das reações dos país do herói, a apresentação do antigo embaixador continua. O narrador lembra a consideração da qual Norpois se beneficiava não apenas perto dos governos

---

26. *À Sombra das Raparigas em Flor*, p. 23.
27. Proust, "Notes e Variantes", *A l'ombre des jeunes filles en fleurs*, Paris, Gallimard, 1987, p. 1329.

sucessivos, mas também com príncipes, reis e o imperador da Alemanha para chegar a um *je* narrador-escritor que se introduz pela terceira vez na narrativa em pouco tempo e "às vezes lamento não ter retido pura e simplesmente as frases que lhe ouvi. Teria assim obtido um efeito de fora de moda", porque o embaixador tinha "um repositório tão completo das formas antiquadas de linguagem peculiares a uma carreira, a uma classe e a uma época"[28].

Esta mistura das instâncias é ao mesmo tempo surpreendente e transtornadora. É o escritor que emerge e diz sua maneira de proceder para obter um efeito de fora de moda: anotar, o que metaforicamente falando é uma maneira de não jogar na cesta os velhos chapéus que voltarão mais cedo ou mais tarde à moda.

Mas ao mesmo tempo, o escritor entra na ficção, se faz personagem no mesmo pé que Norpois já que ouviu senão participou da conversa. A instancia narrativa não se traía aqui tomando partes dos dois lados? Atravessando a fronteira entre o mundo empírico e a ficção segundo seu bel-prazer, não respeitando o pacto da ficção, ela faz duvidar da existência desta fronteira como se tivesse somente um só mundo, o da escritura e uma só instância escritural, na qual personagens e instâncias narrativas vão e vêm sem grande preocupação da distinção à la *Contre Sainte-Beuve*. Assim, esta instância quebraria um dos pilares da teoria literária proustiana e veria *Em A Busca do Tempo Perdido* um campo propício a este jogo.

O *Contre Sainte-Beuve*, póstuma, é preciso lembrar, não deveria ser levado ao pé da letra mas ser visto como uma etapa na reflexão do escritor Marcel Proust e não como sua última vontade? Não haveria, portanto, um sujeito escritor nem um sujeito fictício sob o nome do narrador que conta diretamente ou através das personagens, mas uma só instância que, segundo as exigências da narrativa, percorre a língua francesa, salta da vida do escritor à ficção, empresta fatos na vida do primeiro e na de seus contemporâneos, se deixa levar aos caprichos da escritura

---

28. *À Sombra das Raparigas em Flor*, p. 26.

e da história das personagens para construir a catedral de *Em Busca do Tempo Perdido*.

Um outro *je*, mais próximo do formador, retoma a narrativa e sublinha que "deram os mesmos hábitos que permitiam ao Sr. de Norpois satisfazer a tantas ocupações e ser tão ordenado nas suas respostas, agradar na alta sociedade e ser amável conosco"[29]. Estes mesmos hábitos dos quais a mãe do herói nem suspeitava fazem com que Norpois aja mecanicamente, ou como de costume, nos jantares e nas conversações e que o jantar nos pais do herói é somente "um dos inúmeros atos de sua vida social"[30] e não uma marca particular de apego ao pai como acreditava ingenuamente a mãe do herói. O observador social aparece uma vez mais e enriquece a panóplia das vozes narrativas não hesitando a rir da mãe do herói que não entende as manobras do embaixador.

---

[29]. *Idem*, p. 27.
[30]. *Idem, ibidem.*

2
A Verdade ou a Ternura

Se quiser encontrar uma certa lógica nos trechos que seguirão, o leitor é dividido entre a formação do herói e a reflexão filosófica sobre a arte. Enquanto no início, o herói busca na arte a verdade além do prazer, ele está pronto em seguida a renunciar à sua verdade em proveito da ternura para seus pais. A reflexão do narrador sobre a beleza e a arte, pelo contrário, o leva a se interrogar sobre o essencial da arte teatral.

O primeiro jantar do sr. de Norpois lá em casa, no ano em que ainda brincava nos Campos Elísios, ficou-me gravado na memória, porque a tarde desse mesmo dia é que afinal fui ouvir a Berma, na matinê, em *Fedra*, e também porque, conversando com o sr. de Norpois, verifiquei de súbito, e, de uma maneira nova, como os sentimentos em mim despertados por tudo o que se concernia Gilberte Swann e seus pais diferiam daqueles que essa mesma família inspirava a quaisquer outra pessoa[1].

1. *À Sombra das Raparigas em Flor*, p. 28.

Os retratos de Swann, Cottard e Norpois sendo assim definidos, o narrador conta durante mais de vinte páginas o primeiro jantar com Norpois. Três fios se cruzam, se tocam, saltam um sobre o outro na narrativa: o amor do herói por Gilberte, que como um verdadeiro mar de ternura, cerca os dois outros fios, a Berma em *Fedra* e a vocação do herói que hesita entre a diplomacia para onde o pai o empurra e a escritura que ele prefere. A personagem Norpois colaborará à tecelagem de cada um dos fios já que é construída para desempenhar o papel de mensageiro, processos de criação bastante comum. Ele falará do herói à mãe de Gilberte, Sra. Swann, encorajará o pai a autorizar a ida do filho ao teatro para ver a Berma e se dirá favorável a sua inclinação para com a literatura. A função da personagem na narrativa está bem definida. Não apenas embaixador por estatuto, ele também o será perto do pai e da mãe de Gilberte como que porta-voz do herói precedendo nisso outras personagens como o marquês de Saint-Loup, o pintor Elstir, o *maître* Amado etc.

A felicidade que eu teria de não me ver separado de Gilberte me tornava desejoso, mas não capaz, de escrever uma bela coisa que pudesse ser mostrado ao sr. de Norpois. Depois de algumas páginas preliminares, o tédio me fazia cair a caneta da mão, e eu chorava de raiva pensando que jamais teria talento, que não possuía dote e não poderia sequer aproveitar a oportunidade que a próxima visita do sr. Norpois me ofereceria de ficar sempre em Paris[2].

O herói não aprende facilmente a escrever escrevendo, o que é um paradoxo da escritura proustiana com várias vozes se escolhermos esta opção, ou coisa normal, se seguirmos a única instância enunciadora.

O amor para com a filha de Swann não bastaria para a criação de um texto que não seria redigido por ele mesmo já que estava destinado a ratificar sua vocação perto de Norpois, que, se confirmada, lhe permitirá ficar com sua amada.

2. *Idem*, p. 30.

Em outras palavras, o que move o escritor não pode ser uma paixão amorosa. A arte de escrever exige outra coisa. A desubjetivação do escritor ou a perda de identidade em relação ao seu objeto[3] seria uma condição indispensável para que o artista escreve, o que Marcel Proust aprendeu através dos numerosos cadernos de rascunho, mas que o herói ainda no começo, ignora.

Mais tarde em *O Caminho de Guermantes*, o narrador se questionará sobre o talento da marquesa de Villeparisis e tenta entender o por quê.

E depois, o talento não é um apêndice postiço que se acrescenta a essas qualidades diversas que fazem triunfar na sociedade, a fim de constituir com o todo, o que os mundanos chamam uma "mulher completa". É o produto vivo de certa compleição moral a que geralmente faltam muitas qualidades e que predomina uma sensibilidade com manifestações outras que não as percebidas através de um livro, mas que se podem se fazer sentir assaz vivamente no curso da existência, certas curiosidades, por exemplo, certas fantasias, o desejo de ir aqui ou acolá, por puro prazer pessoal e não em vista de aumentar, manter ou simplesmente fazer funcionarem as relações mundanas[4].

Sensibilidade e vida pessoal definiram o talento. No último volume, o narrador continua sua reflexão opondo a crítica e o instinto que ele privilegia:

Porque há maiores analogias entre a vida instintiva do público e o talento de um grande escritor, que não é senão um instinto religiosamente ouvido em meio ao silêncio a tudo o mais imposto, um instinto aperfeiçoado e compreendido, do que entre este e a verbosidade superficial e as normas flutuantes dos juízes oficiais[5].

Esta analogia impressionante permite ao narrador ligar o autor a seus leitores, definindo a natureza do laço e do talento. Um texto

---

3. Vladimir Safatle, *A Paixão do Negativo*, São Paulo, ed. Unesp, 2005, p. 275.
4. *O Caminho de Guermantes*, trad. Mário Quintana, São Paulo, Globo, 2007, p. 203.
5. *O Tempo Redescoberto*, p. 238.

será lido na medida em que tocará a vida instintiva do público graças a seu talento que seria apenas o prolongamento desta vida.

O que é a vida instintiva para o narrador? É difícil responder neste momento, mas talvez a definição do talento que é o efeito desencadeado em condições especiais leve à resposta. Para chegar à vida instintiva, o artista deve suprimir qualquer ruído externo e se colocar na escuta desta vida, mas de uma maneira extremamente atenta como se escutasse um deus que fala. O instinto fala e anuncia e, tal um oráculo, exige a escuta. O talento consiste em ter a disposição necessária para exercer a pulsão do ouvir de uma maneira muito fina e perceber a mensagem. Não se trata, portanto, de estilo nem da oposição a uma escola anterior, mas de uma capacidade muito aguda de entender uma mensagem lançada *à la cantonade* que o escritor capta e no qual o leitor se encontra e que eu situo no terceiro movimento da roda da escritura[6]. Atrás de todos os signos percebidos no mundo que os cerca pelo conjunto dos leitores de sua obra, signos que todos deveriam perceber "instintivamente", o narrador, ultrapassando a primeira percepção frequentemente falsa ou mal focalizada, vai além e nisto é sua arte e a aprendizagem do herói Marcel[7].

Retomamos o texto:

Apenas a ideia de que me permitiam ouvir a Berma me distraía de meu pesar. Mas, da mesma forma que eu só desejava ver tempestades nas costas em que eram mais violentas, assim também, apenas queria ouvir a grande atriz num desses papéis clássicos em que Swann me dissera que atingiu o sublime. Pois, quando queremos receber certas impressões da natureza ou de arte, na esperança de alguma descoberta preciosa, temos algum escrúpulo em permitir que nossa alma acolha em seu lugar impressões menores que nos poderiam quanto ao exato valor do Belo[8].

---

6. A segunda parte do ensaio retomará em detalhes o conceito de roda da escritura.
7. Willemart, *Proust, Poeta e Psicanalista*, p. 162 e *Os Processos de Criação na Escritura, na Arte e na Psicanálise*, São Paulo, Perspectiva, 2011, p. 43.
8. *À Sombra das Raparigas em Flor*, p. 30.

O valor exato do belo somente pode ser ressentido com um papel clássico desempenhado pela Berma ou com o excesso da natureza, como as mais violentas tempestades. A ideia do belo passa pela impressão ou pelas sensações, o que lembra evidentemente a teoria dos sensualistas, que de Locke a Freud passando por Condillac e Maine de Biran sustêm esta filosofia[9]; ela tem como parâmetro o sublime e, como alvo, uma descoberta preciosa.

A ideologia do belo enunciada aqui exige um comentário, embora outros trechos do mesmo livro a discuta também. Já que falamos de teatro, lembremos o que dizia Edward Craig sobre a beleza e que parece se opor à concepção do narrador: "tudo o que é acidental é contrária à Arte. A Arte é a antítese do caos que não é outra coisa do que um avalanche de acidentes"[10].

Como conciliar a beleza ordenada de Craig que parece a da Berma e o excesso da natureza? Bauchau dá uma resposta anos mais tarde na sua correspondência quando sublinha a duplicidade inerente dos homens: "Há uma tensão contínua em nós entre um polo de doçura que é também o polo desarmado e o polo do desejo de selvageria e de resistência às agressões"[11].

O excesso exibido pela forte violência das tempestades e que agrade ao herói já estava desejado no livro anterior e recomendado por Swar.n. O herói o associava a Balbec[12] e ao desejo da arquitetura gótica[13] como se sua formação devesse insistir neste aspecto com a ajuda de numerosos exemplos.

Chegaríamos assim ao sublime? O sentido comum vê nesta palavra o apoteose de um acontecimento ou, para os letrados uma referência à obra de Longin publicada por Boileau em 1674

---

9. François Recanati em Jacques Lacan, ...Ou pire. Séminaire 1971-1972, Paris, éd. de l'Association Freudienne Internationale, p. 157 e Willemart, Tratado das Sensações em "A Prisioneira" de Marcel Proust, São Paulo, Opus, 2008, p. 27.
10. Edward Gordon Craig, De l'Art du Théâtre, Paris, Circé, 2004, p. 76.
11. Henry Bauchau, "Lettre à Marc Dugardin", L'écriture à l'écoute. Revue Internationale Henry Bauchau, Louvain, Presses Universitaires, 2008, 1. p. 28.
12. No Caminho Swann, trad. Mário Quintana, São Paulo, Globo, 2006, p. 458.
13. Idem, p. 460.

intitulada *Traité du Sublime* que o definia como "o impensado do classicismo ou um maravilhoso que agarra, que bate e que se faz sentir?"[14]

Sem saber se Proust leu este tratado, inclino para a segunda possibilidade, um impensado, muito próximo com efeito dos termos usados pelo herói: "um arrebatamento" que provoca "uma descoberta preciosa", "o objeto inconcebível e único", momentos que o herói se promete reencontrar o verso de *Fedra* interpretado pela Berma: "on dit qu' un prompt départ vous éloigne de nous, Seigneur".

O arrebatamento lembra bastante o êxtase místico de Teresa de Ávila esculpido por Bernini na Igreja Santa Maria della Vittoria em Roma, na qual inteiramente doada a seu Deus ou ao Outro, Teresa esquece inteiramente quem ela é[15]. É isso que procura o herói?

O herói sublinha então a importância do contexto para agarrar o sublime. Tanto "a atmosfera e o ensolarado da voz de ouro"[16] da Berma quanto as obras-primas de Carpaccio, não podiam ser tão vistas senão no contexto. *Fedra* supõe um teatro e não uma biblioteca e Carpaccio a cidade de Veneza e não qualquer museu fosse o Louvre. Será que o narrador se posiciona contra os museus? Veremos mais tarde.

Anunciando assim (em cartazes) em meio de peças apenas destinadas a fazer passar o tempo de uma tarde, a Fedra, cujo título não era mais longo do que daqueles e nem era impresso em caracteres di-

---

14. William Marx, *L'adieu à la littérature*, Paris, Minuit, 2005, p. 40.
15. "Essas jaculações místicas, nem é lorota nem só falação, é em suma o que se pode ler de melhor [...]. Eu creio no gozo da mulher, no que ela é a mais, com a condição de que esse a *mais*, vocês lhe coloquem um anteparo antes que o tenho explicado bem. O que se tentava no fim do século passado, no tempo de Freud, o que eles procuravam, toda sorte de gente brava no circuito de Charcot e dos outros, era carregar a mística para as questões de foda. Se vocês olharem de perto, de modo algum não é isto. Esse gozo que se experimenta e do qual não se sabe nada, não é ele o que nos coloca na via da ex-sistência? E porque não interpretar uma face do Outro, a face Deus, como suportada pelo gozo feminino?" (Lacan, *O Séminaire. Livro 20. Ainda*, trad. M. D. Magno, Rio de Janeiro, Zahar, 1985, p. 103).
16. *À Sombra das Raparigas em Flor*, p. 31.

ferentes, ela lhe acrescentava como que o subentendido de uma dona de casa, que apresentando-nos a seus convivas no instante de ir para a mesa, nos diz, em meio aos nomes dos convidados que não passam de convidados, e no mesmo tom em que citou os outros: sr. Anatole France[17].

O caderno 67 cita Gabriel d'Annunzio[18] e não Anatole France. O nome não é, portanto, muito importante em si, mas sim a fama que dá a impressão do sublime no herói, pois reconhece a personagem enquanto não desencadearia nada em um ignorante. A impressão ligada a um saber preliminar é mais forte porque

[...] ao passo que as obras antigas que sabia de cor me apareciam como vastos espaços reservados e já prontos, onde poderia apreciar em plena liberdade as invenções de que a Berma os cobriria, como que a fresco, com os perpétuos achados de sua inspiração[19].

Não é, portanto, o texto escrito por Racine que é apreciado, – ele já é –, mas o desempenho da atriz: "as entonações e os gestos que me pareciam fazer corpo com ele". A metáfora que designa a atriz é sintomática: "Berma os cobriria, como que afresco, com os perpétuos achados de sua inspiração". Como uma mãe-galinha cobre seus pintinhos, ou como um pintor esboça um afresco na parede do texto, ela acrescenta uma camada que enriquece o texto ostentando seus achados. Assim se define o gênio da atriz: sua voz e seus gestos realçam a matéria do texto, o transformam e mergulham nele produzindo um outro texto. Cada interpretação é um novo texto do qual a gênese nunca está encerrada enquanto é teatralizado.

O herói não terminou todavia com seus dramas de consciência, já que tem que escolher entre a proibição do médico de ir ao teatro, a dos pais que em seguida a autorizam, e ele mesmo que não sabe mais o que fazer devendo decidir sozinho. À maneira de Julien Sorel, ele prossegue na sua introspeção e se dá conta

---

17. *Idem*, p. 32.
18. *A l'ombre des jeunes filles en fleurs*, p. 1002.
19. *À Sombra das Raparigas em Flor*, p. 31.

que o que pedia "àquela matinê, eram coisas muito diversas de um prazer: verdades pertencentes a um mundo mais real do que aquele em que vivia", cujo prazer somente aparecia "como a forma talvez necessária da percepção destas verdades"[20].
De quais verdades se trata?

Incessantemente recitava comigo a tirada: "On dit qu'un prompt départ vous éloigne de nous", procurando todas as entonações que ali se poderia pôr, a fim de melhor avaliar o inesperado do que a Berma acharia. Oculta como o Santo dos Santos sob a Cortina que ma furtava e atrás da qual eu lhe emprestava a cada instante um aspecto novo, segundo as palavras de Bergotte – na plaqueta encontrada por Gilberte – que me voltavam ao espírito: "Nobreza plástica, cilício cristão, palor jansenista, princesa de Trézène e de Clèves, drama micênico, símbolo délfico, mito solar", a divina Beleza que me devia revelar o desempenho da Berma, noite e dia sobre um altar perpetuamente aceso imperava no fundo de meu espírito que meus pais severos e levianos iam decidir se encerrariam ou não, e para sempre, as perfeições da Deusa revelada naquele mesmo lugar onde se erguia sua forma invisível[21].

A divina Beleza parecida com Javé escondido no Santos dos Santos não é a atriz nem seu desempenho, mas uma entidade vaga que constitui uma terceira camada, que se superpõe ao texto de Racine e ao jogo da Berma, mas que se encontra no fundo de seu espírito do qual o texto e o jogo seriam apenas o desencadeador. Não é provavelmente uma essência platônica já que é interna no herói. Podemos pensar à terceira personagem que segundo Maeterlinck representa as potências da morte que estão atrás de qualquer personagem, ou também ao modelo da boneca interna desenvolvida em *O Caminho de Guermantes* que nos força a escolher tal ou tal cônjuge de preferência a outro[22]. A Beleza teria da mesma maneira tomado a imagem de uma entidade incrustada em nós e que nos leva a estimar para sua

20. *Idem*, pp. 32-33.
21. *Idem*, p. 33.
22. *O Caminho de Guermantes*, p. 404.

beleza tal pessoa ou tal interpretação determinada a partir de uma imagem interna.

No entanto, com a concordância dos pais, mas cheio de escrúpulos, a vida "já não se apresentava como tendo a verdade por objetivo, mas sim a ternura, e não mais [lhe] parecia boa ou má senão na medida em que [seus] pais fossem felizes ou infelizes"[23], ele condiciona a verdade ao sentimento que tem para com os pais. Será que é a última muralha que o herói erguerá diante seu desejo de Beleza? Não, será a ternura com Gilberte seu último recurso para recusar ir e ouvir a Berma:

> Depois, se eu voltasse doente, ficaria curado bastante depressa para poder ir aos Campos Elíseos; findas as férias, logo que Gilberte regressasse? [...]. Seria para abreviar meu sofrimento e não mais na esperança de um benefício intelectual e sob o fascínio da perfeição, que eu me deixaria levar, não para a Sábia Deusa, mas para a implacável Divindade sem rosto e sem nome que sub-repticiamente a substituíra atrás de seu véu[24].

A Beleza muda então de rosto e de mãe acolhedora se transforma em supereu tirânico.

Mas eis que tudo mudou de súbito, meu desejo de ir ouvir a Berma recebeu um novo impulso, que me permitiu esperar com impaciência e alegria aquele espetáculo [...], fustigado como estava por estas palavras mágicas que haviam substituído, no meu pensamento, "palidez jansenista" e "mito solar": "As senhoras não serão admitidas de chapéu na plateia e as portas serão fechadas às duas horas"[25].

Sob a ação de impressões diferentes, com o pensamento perturbado, o desejo muda facilmente de direção como testemunha a reação do herói. A Beleza tão procurada, motivo invocado para ir ao teatro, é substituída sem escrúpulo por estas duas ordens simples decorrendo da organização da peça, a proibição do

---

23. *À Sombra das Raparigas em Flor*, p. 34.
24. *Idem, ibidem*.
25. *Idem*, p. 35.

chapéu das damas na orquestra e um aviso sobre a hora. O herói precisa das duas ordens para se sentir cercado e convidado de uma certa maneira e não mais depender unicamente de seu desejo e de sua necessidade de ternura? É meio verdadeiro. Tendo perdido a estrutura parental negativa que suscitava seu desejo, ele procura avidamente uma outra que por não ser totalmente negativa, o é suficientemente para inserir nele seu desejo.

"Mas, ai de mim, aquela primeira matinê foi uma grande decepção". Opondo-se a Françoise que "tinha a ardente certeza dos grandes criadores a mim me cabia a cruel inquietação do pesquisador". O herói continua sua introspeção e afirma admirado: "Sem dúvida, enquanto não ouvi a Berma senti prazer"[26].

Ele relata em seguida sua matinê ao leitor num "só depois" sintomático igual a uma reconstituição psicanalítica. Não é um relato seco e sem graça, todas suas ações estão ligadas a sentimentos, sobretudo de prazer.

De qual tipo de prazer o herói gozou e quando foi? São vários situados na mesma página[27].

Um prazer poético antecipado:

[...] senti-o na pracinha em face do teatro e cujos castanheiros desfolhados, duas horas mais tarde, iam brilhar com reflexos metálicos logo que os bicos de gás acesos alumiassem os pormenores de suas ramagens.

Um prazer sádico: "diante dos encarregados da fiscalização cuja escolha, promoção e sorte dependiam da grande artista".

Um prazer de tranquilidade:

Senti-me feliz na própria sala; desde que sabia que – ao contrário do que por tanto tempo me havia representado a minha imaginação infantil – não havia senão um palco para todo o mundo.

Um prazer mágico:

---

26. *Idem*, p. 36.
27. *Idem*, pp. 36-39.

Meu prazer aumentou ainda mais quando comecei a distinguir, por trás, daquele pano descido, confusos rumores como os que se ouve debaixo de uma casca do ovo quando o pinto vai sair, [...], se dirigiram indubitavelmente a nós sob a forma imperiosa de três batidas, tão emocionantes, como sinais vindos do planeta Marte.

Um prazer de *voyeur*:

[...] uma vez erguido o pano – quando, no palco uma escrivaninha e uma lareira, aliás bastante comuns, significaram que as personagens que iam entrar seriam, não atores vindos para declamar, como já vira uma vez num sarau, mas homens prestes a viver em sua casa um dia de sua vida na qual eu penetraria por efração, sem que eles me pudessem ver.

Em seguida, o herói ressente uma inquietude diante de uma peça desconhecida e, com medo porque

[...] os espectadores que haviam voltado para os seus lugares se impacientavam e punham-se a patear [...] tinha medo de que a Berma, despeitada com os maus modos de um público tão mal-educado – no qual, eu desejaria ao contrário, que ela pudesse reconhecer com satisfação algumas celebridades a cuja julgamento daria importância – fosse expressar-lhe o seu descontentamento e seu desdém representando mal.

"Enfim, os derradeiros momentos de meu prazer foram durante as primeiras cenas de *Fedra*", quando o herói confunde a Berma com duas atrizes que começaram o segundo ato com

[...] entonações engenhosas, ora apaixonadas, ora irônicas, que me faziam compreender o significado de um verso que lera em casa sem prestar muita atenção ao que queria dizer. [...] Mas de súbito, pela abertura da cortina rubra do santuário, como num quadro, surgiu uma mulher.

Era a Berma.

O medo que "sala, público, atores, peça, e o meu próprio corpo, (constituem) senão como um meio acústico que apenas tinha importância na medida em que era favorável às inflexões daquela voz" ressurge.

O herói teria desejado que o público e seu próprio corpo se dobrassem sob a voz da atriz como o mar sob o vento.

No entanto, a Berma não colaborava:

> Mas, ao mesmo tempo, cessara todo meu prazer; por mais que estendesse para Berma os meus olhos, meus ouvidos, meu espírito, para não deixar escapar uma migalha das razões que ela me daria para admirá-la, não conseguira colher uma única. Nem sequer podia, como se dava em relação a suas colegas, distinguir-lhe, na dicção e no desempenho entonações inteligentes, belos gestos. Ouvia-a como se lesse *Fedra*, ou como se a própria Fedra dissesse naquele momento que eu escutava, sem que o talento da Berma parecesse acrescentar-lhe coisa alguma[28].

Tudo o que o herói tinha elaborado imaginariamente antes da representação cai por terra. Uma vez mais, a realidade não colava com seu sonho. Era melhor ter ficado em casa para ler Racine. Ele tenta, no entanto, pegar pedaços de belo voluntariamente, suspender o tempo e parar como o realizador na montagem de um filme:

> Desejaria – para poder aprofundá-la, para tratar de descobrir o que tinha de belo – fazer parar, imobilizar por longo tempo diante de mim cada entonação da artista, cada expressão de sua fisionomia; pelo menos, à força de agilidade mental, já tendo a atenção instalada e a postos antes de cada verso. Procurava não distrair em preparativos uma parcela da duração de cada palavra, de cada gesto, e, graças à intensidade da minha atenção, chegar a penetrar neles tão profundamente nelas como se tivesse longas horas a meu dispor. Mas como era breve aquela duração! Mal chegava um som a meu ouvido já vinha outro substituí-lo[29].

Como o herói não entendeu a atitude de Swann ouvindo a pequena música de Vinteuil que todavia o narrador detalhou bastante no primeiro volume, assim ele quer raciocinar "com muita agilidade mental" sobre o texto ouvido e não consegue ainda se deixar embalar pela voz da Berma.

Mas

---

28. *Idem*, p. 40.
29. *Idem, ibidem*.

Numa cena em que a Berma permanece imóvel um instante, com o braço erguido à altura do rosto banhado em luz esverdeada, graças a um artifício de iluminação, diante do cenário que representa o mar, a sala rompeu em aplausos[30].

O herói começa a se deixar levar aos poucos pela atmosfera receptiva do público.

Todavia, ele resiste e exerce ainda sua inteligência constatando que a Berma

[...] passou pela plaina de uma melopeia uniforme toda a tirada onde se viram confundidos tantos contrastes, contudo tão vivos que uma trágica apenas inteligente, ou mesmo alunas de liceu, não lhes teria desdenhado o efeito; aliás, ela a disse tão depressa que somente quando chegou ao último verso é que meu espírito tomou consciência da propositada monotonia imposta aos primeiros[31].

Por mais que sua razão se manifesta contrária, os aplausos repetidos provocam seu "primeiro sentimento de admiração"[32]. Ele é conquistado pelo espírito da multidão.

Um pouco depois, soube que "O momento em que se desencadeou esse entusiasmo do público foi aquele de fato em que a Berma tem um de seus melhores achados" e raciocinando de novo, ele ou seu narrador marcam a diferença entre as "aclamações da plateia" devida ao talento e os "os aplausos caiam quase sempre em falso, sem contar que eram mecanicamente impulsionados pela força dos aplausos anteriores".

Continuando sua introspeção, constata "a medida que ia aplaudindo, parecia-me que a Berma havia representado melhor" como se tivesse uma relação entre "embriaguez do vinho grosseiro daquele entusiasmo popular"[33] e a qualidade da artista, comenta ele depois.

A leitura destes trechos nos faz pensar sobre os fenômenos de multidão em primeiro lugar, em seguida sobre as relações

---

30. *Idem, ibidem.*
31. *Idem,* p. 41.
32. *Idem, ibidem.*
33. *Idem,* p. 42.

entre o talento de um ator e a apreciação crítica pelo espectador e enfim, nas relações entre estes três fatores.

As manifestações de multidão foram amplamente debatidas em *Psicologia Coletiva e Análise do Eu* editado em 1921 no qual Freud comenta *Psicologia das Multidões* de Gustave Le Bon, publicado em 1895 e *The Group Mind* de William McDougall, publicado em 1920, obras que Marcel Proust poderiam ter lido. Se não lia o alemão de Freud e pouco em inglês, talvez tivesse lido a obra de Le Bon escrita em francês, na sua nona edição em 1905, mas não sabemos. Isso importa para nós crítico? Muito pouco.

O importante é descobrir se o narrador revela outra coisa do que estes dois livros construindo seu herói. As primeiras atitudes do herói ratificam as constatações de Freud que concordam com Le Bon:

> O individuo na multidão difere do individuo isolado. [...] Na multidão, [...] as aquisições individuais se apagam e a personalidade própria de cada um some. [...] Diremos que a superestrutura psíquica, que se formou no decorre do desenvolvimento, variando de individuo ao outro, foi destruída e desvelou a base inconsciente, uniforme, comum para todos [...] o contágio resulta da ação recíproca que os membros da multidão exercem uns sobre os outros e não é somente um efeito da sugestão[34].

No entanto, o herói não se enquadra, inteiramente nesta descrição de Le Bon retomada por Freud. Por um lado, ele é louco por teatro a ponto de que quer fazer parte dele não como ator, seria imitar o Werther de Goethe, mas para retirar o máximo de prazer como espectador e encontrar nele uma verdade que esqueceu em seguida. Seu desejo está ligado a essa crença no papel da atriz como reveladora de uma maneira de dizer que supriria sua leitura; a voz não suplantaria o olhar do leitor, mas acrescentaria um rico complemento que o levaria à Beleza. Deparando-se com a recitação monótona da Berma, mas levado

---

34. Freud, *Psychologie Collective et Analyse du Moi* (1921). <http://O.uqac.uquebec.ca/zone30/Classiques_des_sciences_sociais/index. html>, p. 47.

pelo público, aplaude também. Não satisfeito, no entanto, e arrebatado pela desesperança, quer tentar de novo a experiência e não mais voltar em casa esquecendo esta vez seu desejo por Gilberte.

Bastante crítico fora da multidão, ele se recompõe:

[...] ao cair o pano, senti certo desapontamento de que não tivesse sido maior esse prazer que tanto almejara, mas sentia ao mesmo tempo a necessidade de o prolongar, de não deixar para sempre, ao sair da sala, essa vida do teatro que durante algumas horas fora a minha, e de que me teria arrancado, como uma partida para o exílio, ao voltar diretamente para casa, se ali não tivesse esperanças de saber muito mais coisa sobre a Berma por intermediário daquele seu admirador, graças ao qual me haviam permitido ir ver a *Fedra*, o Sr. de Norpois[35].

O herói deseja ardentemente a vida de teatro para se sentir parte da multidão ou porque espera encontrar a Beleza tão procurada?

Ele percebe, por outro lado, que o talento da Berma, não é necessariamente significado pelas entonações que esperava como estudante aplicado, mas que pode se esconder atrás de uma monotonia voluntária refletindo mais o teatro de antes de Molière que o de Racine, o de Maeterlinck e não de Voltaire. Não é Molière que quebrou aos poucos o tom monocórdio dos atores? Não é Maeterlinck que defendia a desaparição do ator ao proveito da Ida de teatro? A arte teatral não é apenas a palavra e a voz, mas é composta de outros elementos que o herói aprenderá com Bergotte.

Mas não chegou lá ainda e deve aprender muito, entre outros do embaixador que lhe fornecerá informações sobre o talento da Berma. Será o capítulo seguinte.

---

35. *À Sombra das Raparigas em Flor*, p. 42.

3
O *Boeuf Mode* e o Discurso de Norpois

O embaixador de "elevado talhe" recebe o herói no gabinete do pai:

> [...] ele exercia sobre cada recém-chegado, as suas agudas faculdades de observador a fim de saber em seguida com que tipo de homem tinha de haver-se. [...] Assim, ao mesmo tempo que me falava com bondade e o ar de importância de um homem que conhece a sua vasta experiência, não cessava de examinar-me com uma curiosidade sagaz e toda para seu próprio proveito como se eu fosse algum costume exótico, algum monumento instrutivo, ou estrela em turnê. E destarte dava provas ao mesmo tempo para comigo, da majestosa amabilidade do sábio Mentor e da curiosidade estudiosa do jovem Anacársis[1].

---

1. *À Sombra das Raparigas em Flor*, p. 43. "Mentor na Odisseia é um nobre habitante do Itaco a quem Ulisses, saindo de Troia, confiou sua casa [...] O nome de mentor designa por antonomase um guio ou um protetor atento e sábio. Anarcharsis [...] é uma pesonagem do abade Barthélemy: *Le voyage du jeune Anarcharsis en Grèce au IV°siècle de l'ère vulgaire* (1788) [...] que incarna a pureza e a volta à natureza" (*A l'ombre des jeunes filles en fleurs*, p. 1334).

Revezando de uma certa maneira o pai, o marquês de Norpois julga o herói segundo as aparências e tenta guiá-lo aliando a sabedoria à curiosidade do moço. A sabedoria aconselha ao herói seguir seus gostos contrariamente à vontade do pai, a curiosidade quer saber a natureza destes gostos.

Considerado "como um oráculo de Delfos", Norpois escuta e decide. Mas rapidamente, ele desencoraja o herói porque mostrava:

[...] a literatura muito diferente da imagem que dela eu formara em Combray; e, compreendi que tivera dobrada razão em renunciar a ela. Até então, eu apenas reconhecera que não tinha o dom de escrever; agora o Sr. de Norpois me tirava até o desejo de fazê-lo[2].

O conceito de dom não é o mesmo para o herói, Norpois e o narrador. De fato, os exemplos que o embaixador dá ao filho do amigo, são bastante extravagantes:

[...] uma obra relativa ao sentimento do Infinito na margem ocidental do lago Vitória-Nianza e, este ano, um opúsculo menos importante, mas traçado com pena hábil, às vezes até acertada, sobre o fuzil de repetição no exército búlgaro, que o colocaram numa situação verdadeiramente ímpar

e que o levaram à "Academia das Ciências Morais"[3].

Provavelmente, o narrador está rindo abertamente deste tipo de literatura, reforçando assim a renúncia do herói com uma retificação negativa subentendida e endereçada ao leitor.

No entanto, elevando o embaixador ao cume, o pai do herói solicita até conselhos sobre os investimentos do filho, herança da tia Léonie, como se Norpois soubesse não apenas qual é a melhor profissão para o filho, mas também como se comporta a economia. Futurólogo, pretencioso e ridículo, assim é construída a personagem da qual o herói se desligará mais tarde.

O futuro escritor aproveita da mostra dos títulos para admirá-los e nos participar da reflexão que eles suscitam:

2. *Idem*, p. 44.
3. *Idem*, p. 45.

Sua vista encantou-me; eram adornados de flechas de catedrais e de figuras alegóricas, como certas publicações românticas antigas, que eu folheara outrora. Tudo quanto é de uma mesma época se assemelha; os artistas que ilustram os poemas de determinados tempos são os mesmos a quem encomendam trabalhos as Sociedades Financeiras. E nada evocava tão bem certas brochuras da Notre Dame de Paris e de obras de Gérard de Nerval, tais como estas estavam penduradas à frente da loja de Combray, do que, no seu enquadramento retangular e florido suportado por divindades fluviais uma ação nominal da Companhia das Águas[4].

Nossa sociedade mercantil não hesita em utilizar as obras literárias e artísticas integrando-as como objetos de valor colocadas no mercado. Mas o contrário é também verdadeiro e os jornais ostentam títulos como este: *O Banco à Serviço da Arte* pelo qual sabemos como sociedades financeiras mantêm museus e preservam as obras de arte[5].

É depreciar a arte ilustrar ações com estes motivos ou, pelo contrário, é elevá-las culturalmente? O herói está encantado porque as ações lembram obras de Nerval e Hugo vendidas até numa mercearia. Não podemos entender melhor o lugar da arte na economia para o capitalismo? Os artistas gravadores ilustram tanto os poemas quanto as ações e são provavelmente melhor pagos por isso, mas será que eles alteram o valor das ações lhe dando um objetivo suplementar como encantar o comprador e favorecer a compra? Endossar uma arte já consagrada pela cultura não acrescenta nada à arte, mas insiste na sua integração no sistema indicando que esta arte perdeu seu caráter de questionamento que tem toda arte nova na sua eclosão.

Meu pai dedicava a meu gênero de inteligência um desprezo suficientemente corrigido pela ternura, de modo que tinha afinal uma cega

---

4. *Idem*, p. 47.
5. O artigo citado neste *link* sublinha como o Banco Dexia após a crise de 2008, abriu suas coleções ao público e quis colaborar com a montagem de exposições e com festival de Avignon: <http://archives. lesoir. be/arts-plasticas-a-collecção-dexia-s%26%238217-ouvre-au_t-20090917-0PYPW. html?annee/2009/mois/00/jour/00/>.

indulgência por tudo quanto eu fazia. Assim, não hesitou em me mandar buscar um pequeno poema em prosa, que eu escrevera outrora em Combray, ao voltar de um passeio. Tinha-o composto com uma exaltação que me parecia dever comunicar-se aos que o lessem. Mas com certeza não atingiu o Sr. de Norpois, pois mo devolveu sem me dizer uma só palavra[6].

Como todas as personagens proustianas que amam, a relação do pai para filho é banhada por ternura e impede ver a realidade; lembremos da ternura do herói para com sua avó justificada assim pelo narrador:

Jamais vemos os entes queridos a não ser no sistema animado, no movimento perpétuo de nossa incessante ternura, a qual, antes de deixar que cheguem até nós as imagens que nos apresentam sua face, arrebata-as no seu vórtice, lança-as sobre a ideia que fazemos deles desde sempre, fá-las aderir a ela, coincidir com ela[7].

A ternura incentivava o herói a não ver envelhecer sua avó até o dia em que o narrador lhe dá a atitude do fotógrafo que descobre a velha mulher atrás do disfarce da ternura:

Infelizmente, foi esse mesmo fantasma que vi quando, tendo penetrado no salão sem que minha avó estivesse avisada do meu regresso, a encontrei lendo. Ali estava eu, ou antes, ainda não estava ali, visto que ela não o sabia e, como uma mulher surpreendida a fazer um trabalho que ela ocultará ao entrarmos, estava entregue a pensamentos que jamais havia mostrado diante de mim. De mim por esse privilégio que não dura e em que temos, durante o curto instante do regresso, a faculdade de assistir bruscamente a nossa própria ausência – não havia ali mais do que a testemunha, o observador, de chapéu e de capa de viagem, o estranho que não é da casa, o fotógrafo que vem tirar uma chapa dos lugares que nunca mais tornará a ver. O que, mecanicamente, se efetuou naquele instante em meus olhos quando avistei minha avó, foi mesmo uma fotografia[8].

---

6. *À Sombra das Raparigas em Flor*, p. 47.
7. *O Caminho de Guermantes*, pp. 154-155.
8. *Idem*, p. 154 e Willemart, *A Educação Sentimental em Proust*, Cotia (SP), Ateliê Editorial, 2002, p. 58.

Neste trecho, não é preciso mais transformar o herói em fotógrafo, o simples aviso negativo de um outro do que o pai significado pelo silêncio bastará para decepcionar o herói. Norpois confirmará um pouco mais longe esta impressão comparando o poema ao estilo de Bergotte que ele detesta[9]. Por outro lado, esta reação lhe fará entender que a exaltação na criação não é o bom caminho. Flaubert já o sublinhava quando desaconselhava a Louise Colet compor seus poemas sob o efeito da paixão. Lembremos também o engano de Sainte-Beuve que, contrariamente a Flaubert, censurava a Baudelaire por não compor seus poemas a partir de seus sentimentos.

E, com efeito, a cada momento meu pai lembrava ao marquês qualquer medida útil que haviam resolvido defender na próxima sessão da Comissão, e fazia-o no tom particular que assumem num meio diferente – semelhantes nesse ponto a dois colegiais – dois colegiais cujos profissionais lhe criam recordações comuns a que não têm acesso os outros os quais se escusam de tratar na sua frente.

Mas a perfeita independência dos músculos da face, a que chegara o Sr. de Norpois, lhe permitia escutar sem parecer que estava ouvindo. Meu pai acabava por se perturbar: – Tinha pensado em solicitar o parecer da Comissão... – dizia ao Sr. de Norpois depois de longos preâmbulos. Então, do rosto do aristocrata virtuose que conservara a inércia de um instrumentista que ainda não chegou ao momento de executar a sua parte, soltava-se com dicção monótona, num tom agudo e como que só para terminar, mas confiando-a desta vez a outro timbre, a frase começada: "– Que, está vista, o senhor não hesitará em reunir, tanto mais que seus membros lhe são pessoalmente conhecidos e poderão fazê-lo sem dificuldade. – Evidentemente, não era lá uma terminação muito extraordinário. Mas a imobilidade precedente destacava-a com a nitidez cristalina, o imprevisto quase malicioso dessas frases com que o piano, silencioso até então, replica, no momento devido, ao violoncelo que se acaba de ouvir, num concerto de Mozart"[10].

9. *À Sombra das Raparigas em Flor*, pp. 68-71.
10. *Idem*, p. 48.

É difícil falar com um embaixador. No entanto, apesar do ar de estudante ou de colega, o pai do herói não admite a comparação do narrador na qual deveria jogar sozinho, como o violoncelo tocando em solo até a entrada do piano. O herói os escuta como o público escutando um concerto de Mozart no qual o essencial está na melodia e na alternância dos instrumentos e não nas notas em si. O importante não é o que dizem, mas o tom usado e a atitude de escuta de Norpois que somente intervém para prolongar a frase de seu interlocutor como um psicanalista analisando. Assimilar a conversação a um concerto reporta o leitor bem longe de todo sistema de comunicação verbal no qual na falta de compreensão do sentido das palavras, sobra os papéis, a comunicação gestual, os momentos alternados de silêncio e de música e as vozes cantadas dos atores. À alusão ao concerto, o narrador acrescenta a teatralidade que dominaria os diálogos.

– E então, estás contente a tua matinê? – indagou meu pai enquanto passávamos para a mesa, a fim de fazer me-brilhar e pensando que, pelo meu entusiasmo, o Sr. de Norpois pudesse me julgar melhor. – Ele foi ouvir a Berma há pouco; o senhor se lembra que faláramos a propósito ... – disse ele, voltando-se para o diplomata no mesmo tom de alusão retrospectiva, técnica e misteriosa como se se tratasse de uma sessão da Comissão[11].

Não sabemos se os negócios familiares fazem parte das sessões da Comissão ou se o hábito dos cochichos entre seus membros se estende aos negócios familiares. Parece antes que a atmosfera destas sessões ou o tom adotado durante os debates desbotam na conversação dos dois homens importe pouco o assunto. Compadres, eles são e ficaram assim em todas circunstâncias já que uma memória coletiva os une.

A insistência no tom lembra a Berma que se distinguia das outras atrizes de *Fedra* pelo tom adotado já que o conteúdo tinha sido lido pelo herói.

---

11. *Idem, ibidem.*

– Você sem dúvida ficou encantado, principalmente se é a primeira vez que a ouve. [...] O Sr. de Norpois, mil vezes mais inteligente que eu, devia estar de posse daquela verdade que eu não soubera extrair do desempenho da Berma, e certamente ma iria revelar; respondendo à sua pergunta, ia pedir que me dissesse em que consistia tal verdade; e assim justificaria ele o desejo que eu tivera de ver a atriz. Só dispunha de um momento, era preciso aproveitá-lo e conduzir meu interrogatório para os pontos essenciais. Mas quais eram eles? Fixando toda a atenção em minhas impressões tão confusas, e sem absolutamente cuidar em que Sr. de Norpois me admirasse, mas sim em obter de sua parte a verdade desejada, não procurei substituir por frases feitas as palavras que me faltavam, balbuciei e finalmente, para induzi-lo a declarar o que tinha Berma de admirável, confessei que ficara decepcionado[12].

Frente ao pai, "aborrecido com o juízo desfavorável, que a minha confessada incompreensão, pudesse provoca no Sr. de Norpois", o diplomata justifica a fama da Berma por

[...] esse bom gosto, [que] tem tanto para vestir-se como para representar. [...] E depois, essa voz admirável que tanto a auxilia e que ela emprega fascinantemente, quase me atrevia a dizer qual musicista![13]

Decididamente, tudo é música e tom nestes trechos nos quais se juntam todas as personagens, desde Norpois e o pai até a Berma e o herói. Convencido pelo embaixador, o herói conclui:

[...] apoderava-se deles como um otimista de um bêbado se apodera das ações do próximo, encontrando nelas um motivo para se enternecer. "É verdade", pensava eu, "que bela voz, que ausência de gritos, que simplicidade de vestuário, que inteligência em haver escolhido *Fedra*! Não, não fiquei decepcionado"[14].

12. *Idem*, p. 49.
13. *Idem, ibidem*.
14. *Idem*, p. 50.

Singular conversão. O herói desapontado no início, se deixa convencer como se o embaixador detivesse a verdade procurada. Ele se rende aos argumentos da ordem representada por Norpois, referência reconhecida no momento. Já que não soube traduzir suas impressões, ele deve confiar na palavra do outro como no teatro, no qual se deixou levar pelos aplausos do público. Não é o que a academia pede aos estudantes já que exige as referências ao outro, a saber, o que leram e traduziram em longas citações em notas de roda pé nos seus trabalhos. Conseguir escrever sem referência, deixando a tarefa aos críticos, não é o objetivo de qualquer artista e do herói que, imbuídos a tal ponto da tradição e do passado, se sentem representantes desta cultura e se distinguem apenas na sua maneira da perceber?

A impressão não basta, portanto, será preciso ainda transportá-la em um discurso, mas acrescentaria, numa escritura. A leitura dos signos da arte, mesmo negativa, requer uma palavra e um engajamento nos rascunhos da escritura. O herói confunde ainda a impressão e sua interpretação que distinguirá usando a inteligência no decorrer de uma longa aprendizagem em *O Caminho de Guermantes* e de uma ampla reflexão sobre a criação no último volume[15], quando o herói saberá que a escritura deve partir de um capital de impressões acumuladas que deverá ser traduzido num parto prolongado.

Enfim, enquanto "Surgiu o fiambre com cenouras, estendido pelo Michelangelo da nossa cozinha sobre enormes cristais de geleia semelhantes a blocos de quartzo transparente" e, em se-

---

15. "Mais ainda. Se a realidade fosse essa espécie de detrito da experiência, mais ou menos o mesmo para todos /.../ se a realidade fosse isto, bastaria sem dúvida um arremedo de filme cinematográfico das coisas e o 'estilo', a 'literatura' que se afastassem de tais dados não passariam de excrescência artificial. Mas seria mesmo isso a realidade? /.../ eu veria que, para exprimir tais sensações, para escrever esse livro essencial, o único verdadeiro, um grande escritor não precisa, no sentido corrente da palavra, inventá-lo, pois já existe em cada um de nós, e sim traduzi-lo. O dever e a tarefa do escritor são as de um tradutor" (*O Tempo Redescoberto*, p. 234).

guida, "a salada de ananás e trufas"[16], a conversação rola sobre diferentes histórias que

O Sr. de Norpois, para contribuir também da sua parte à amenidade da ceia, nos serviu diversos casos com que frequentemente regalava seus colegas da diplomacia, ora citando alguma frase ridícula ditas por um político contumaz em tais coisas e que as compunha longas e cheias de imagens incoerentes; ora certa expressão lapidar de um diplomata cheio de aticismo. Mas, a falar a verdade, o critério que distinguia para ele essas duas ordens de frase não se assemelhava em nada àquele que aplicava em literatura. Muitas nuanças me escapavam; as palavras que ele recitava a rebentar de riso, eu não as achava muito diferentes das que lhe pareciam notáveis[17].

Qual é a relação entre o boi frio e a conversação de Norpois? Aparentemente nenhuma, mas as notas da Plêiade revela um dos sentidos:

Proust escrevia para Céline Cottin o 12 de julho de 1909: "Mando para a Sra. meus calorosos comprimentos e agradecimentos para o maravilhoso *boeuf mode*. Gostaria de conseguir tão bem quanto a Sra. o que vou fazer esta noite, que meu estilo seja tão brilhante, tão claro, tão sólido que sua *gelée* – que minhas idas sejam tão saborosas que suas cenouras e tão nutritivas e frescas que sua carne *viande*. Esperando poder terminar minha obra, felicito pela sua"[18].

Precisaria acreditar que a conversação do embaixador que queria desencadear o riso ou a gozação nos seus auditores, aborrecia profundamente o herói e se revelava bem distante do ideal de perfeição encarnado pelo *boeuf mode*. Comparar um prato com um discurso, "um perfeito *maitre queux*" a um discurso de

---

16. *À Sombra das Raparigas em Flor*, p. 51.
17. *Idem, ibidem*.
18. *Correspondance*, t. IX, p. 39. "No entanto, é somente após as provas Grasset que Proust incluirá no romance este prato considerado com justeza como uma metáfora de seu estilo, ele falara muitas vezes disso com Céleste Albaret, que o atribui a Félicie, a velha empregada dos pais de Marcel (ver C. Albaret, *Monsieur Proust*, p. 25)". *A l'ombre des jeunes filles en fleurs*, p. 1337.

um embaixador, parece disparate, mas revela a ruptura de níveis procurada pelo narrador[19] e sua preocupação em reencontrar elementos comuns entre campos tão estranhos entre si como a cozinha e a escritura.

A arte da cozinha e a arte de escrever se tocam, como mais tarde no terceiro volume, a arte do *gourmet* e o encontro sexual, quanto a sua capacidade de misturar ingredientes diferentes[20]. Reencontrar as leis de base do comportamento humano continua sendo o objetivo do narrador. O recurso à correspondência do escritor é um dos trunfos não desprezível em nossa leitura, mas não é o início da escritura, somente um leve levantar de cortina esclarecendo e subentendendo a leitura, um ingrediente a mais que integrou a escritura.

No nível da narrativa, o narrador mostra até que ponto ele estima Françoise e ridiculiza Norpois, má exemplo para um futuro escritor.

Para concluir, sublinharei que uma das lógicas subjacentes a este capítulo se definirá pelo estilo de *Em Busca do Tempo Perdido* que não pode imitar o tipo de conversação do embaixador. Os acontecimentos citados por Norpois exatos em parte[21], dão a ocasião ao narrador de ironizar o tipo de discurso que circula no mundo diplomático e cuja narrativa serve de aparência à reflexão afirmada ou subentendida.

Por exemplo, a palavra "afinidade" repetida pelo rei Teodósio quando veio em Paris reconcilia a França e a Rússia, como

19. Guilherme Ignácio da Silva, *Marcel Proust Escreve "Em Busca do Tempo Perdido" ou da "Arte de Erguer Catedrais de Sorvete"*, São Paulo, FFLCH-USP, 2003, p. 187 (Tese inédita).
20. "[...] o desejo imaginativo que o tempo novo despertara em mim e que era intermediário entre os desejos que podem satisfazer de uma parte as artes da cozinha e as da escultura monumental, pois fazia-me pensar ao mesmo tempo em mesclar minha carne a uma matéria diversa e quente e ligar por algum ponto o meu corpo estendido a um corpo divergente, como o corpo de Eva mal se prendia pelos pés ao quadril de Adão a cujo corpo ela é quase perpendicular naqueles baixos relevos romanos de Balbec que figuram de um modo tão nobre e tranquilo quase ainda como um friso antigo, a criação da mulher" (*O Caminho de Guermantes*, p. 386 e Willemart, *A Educação Sentimental em Proust*, p. 112).
21. Pierre-Louis Rey, "Notice", *A l'ombre des jeunes filles en fleur*, p. 1320.

a diplomacia e a literatura, segundo Norpois. Pelo contrário, o narrador vê nisso a ilustração da força da repetição das coisas banais que ditam a verdade em política como se "os acontecimentos mais importantes fossem o fruto do acaso ou das pequenas causas como os chistes"[22].

Outro exemplo: a maneira de espalhar o discurso de provérbios como "Ladram os cães e a caravana passa", "Quem semeia ventos, colhe tempestades", "Trabalhar para o Rei da Prússia", "Dai-me boa política e eu vos darei boas finanças", "A vitória pertence àquele dentre os dois adversários que saiba resistir um quarto de hora mais do que o outro", como dizem os japoneses, denota uma

> Porque a cultura daquelas pessoas eminentes era uma cultura [...] geralmente trienal [...] as citações desse gênero, [...] não eram necessárias para que estes [artigos] parecem sólidos e bem informados.

Eram apenas ornamento.

Último exemplo: a maneira de nomear as diversas potências:

> O Gabinete de Saint-James (London), o Pont-aux-Chantres (São Petersburgo), a monarquia bicéfala "(ou austro-húngara), Montecitorio (Roma)", ou ainda "O eterno jogo duplo tão do feitio do Ballplatz (Viena)", "expressões (à quais) o leitor profano reconhecia e saudava o diplomata de carreira"[23].

No entanto, Norpois não é apenas o diplomata refinado que conhece o rei Teodósio e que lamenta "o recente telegrama do imperador da Alemanha", presságio da Primeira Guerra Mundial, ele dá também seu ponto de vista sobre a igreja de Balbec de "estilo romano [...] [que] merece uma visita quando está no lugar, é bastante curiosa; se num dia de chuva você não tiver o que fazer"[24], conselho que não agradou muito ao herói.

Enfim, homem galante, aprecia bastante as belas mulheres a ponto de preferir jantar na casa da Sra. Swann do que ir no

---

22. Dominique Jullien, *Proust et ses modèles*, Paris, Corti, 1989, p. 43.
23. *À Sombra das Raparigas em Flor*, p. 55.
24. *Idem*, p. 59.

banquete do Ministério das Relações Exteriores, meio indireto usado pelo narrador para apresentar ao leitor o novo Swann, a mulher Odette, Gilberte, a filha e um conviva particular, Bergotte. Será o objeto dos próximos capítulos.

4
O Jantar: O Novo Swann

Jantei em casa de uma mulher de quem talvez já ouviram falar, a bela senhora Swann. Minha mãe teve de reprimir um estremecimento, pois sendo de sensibilidade mais viva que meu pai, alarmava-se por ele com que só deveria aborrecê-lo um instante depois. [...] Mas curiosa por saber que gênero de pessoas poderiam ser recebidas pelos Swann, inquiriu com quem o Sr. de Norpois havia então se encontrado.

– Meu Deus... É uma casa em que vão principalmente... cavalheiros. Havia alguns homens casados, mais suas mulheres estavam indispostas naquela noite e não tinham comparecido – respondeu o embaixador com uma finura velada de bonomia e lançando em torno olhares cuja suavidade e discrição fingiam temperar e exageravam habilmente a malicia[1].

Assim, começa a enumeração dos convidados na casa de Swann. A descrição é de fato o desenvolvimento da frase anunciadora do início deste volume: "Swann, com sua ostentação,

---

1. À Sombra das Raparigas em Flor, pp. 59-60.

com aquele jeito de proclamar aos quatro ventos as mínimas relações, não passava de um vulgar parlapatão que o marquês de Norpois sem dúvida acharia, segundo sua expressão, 'nauseabundo'"[2] disse o pai, mas que Norpois não confirma, pelo contrário. O embaixador vai com muito prazer na casa da sra. Swann, se permite clarificar a situação de Swann diante da família do herói embora não ache que o marido de Odette agisse como um arrivista que não é[3], mas sabe que ele frequenta uma sociedade bastante misturada desde seu casamento.

No *Caderno 31*, é o pai que vai na casa dos Swann e relata à mãe as notícias sobre os Swann e as frequentações deles[4], o que confirma o papel de pai atribuído ao marquês, ambos tendo a mesma posição em relação ao herói, mas contrariamente ao Norpois da edição publicada, o narrador despreza o novo Swann nos comentários.

Norpois, com efeito, situa Swann no limite de uma sociedade que se transforma, prelúdio do que acontecerá após a grande guerra: perda da função da aristocracia na sociedade, subida da burguesia e do espírito republicano. A mutação devida ao casamento confirma o papel da mulher na estrutura social. Ponto de convergência, aberta aos novos horizontes, iniciando movimentos que abalarão as bases da sociedade para preparar a seguinte, a Sra. Swann não é mais apenas a prostituta de luxo do primeiro volume, mas primeiramente a bela mulher admirada por Norpois e o herói.

Mas enquanto Norpois via no casamento uma mudança de atitude em Odette porque "ela lhe é reconhecida pelo que Swann fez por ela, e, contrariamente aos receios de todo mundo, parece

---

2. *Idem*, p. 18.
3. *Idem, ibidem*.
4. "Mamãe gostava muito de ouvir contar meu pai quando voltava de um jantar nos Swann as novas recrutas que tinham feito e que se tornavam bastante *brillantes*, mesmo nobres, nobres de quarta categoria, dos quais Swann se vangloriava dos quatros *quartiers*, ele que alguns anos antes sabia perfeitamente que eram gente sem origem. É para crer que era um novo homem" (*Caderno 31. Esquisse XV. A l'ombre des jeunes filles en fleurs*, p. 1019).

haver-se tornado de uma doçura angélica"[5], o narrador se nomeando "um consultante mais profundo" do que o marquês de Norpois, anuncia um desenvolvimento mais fino: "Tal mudança não era talvez tão extraordinária como achava o Sr. de Norpois", o que ele explica em seguida.

Entrando, no pensamento de Odette imaginado pelo narrador, ela procura de fato um marido em todos seus encontros amorosos, acreditou ter achado um, mas "não acreditava que Swann acabasse por desposá-la" apesar da "máxima otimista que até então guiara Odette na vida: 'Podemos fazer tudo aos homens que nos amam; ele são tão idiotas!'" Humilhada e com vergonha, ela se mostrou infernal, mas "não era um mal sem remédio, [...] um regime novo, o regime matrimonial, faria cessar com rapidez quase mágica aqueles acidentes penosos, cotidianos, mas de nenhum modo orgânicos"[6].

Em outras palavras, as reações de Odette antes de seu casamento não dependiam de seu caráter, mas de sua situação social. O casamento a inseriu numa sociedade lhe dando outro estatuto que o de cocote, ou melhor ainda, lhe permitia manter os dois papéis, a cocote e a mulher casada. O que poderia querer a mais? É a tese de Taine.

Mas o narrador vai mais longe na sua análise e emite sua teoria sobre o amor.

A quase todos espantou esse casamento, o que também é coisa de espantar. Indubitavelmente, raríssimas pessoas compreendem o caráter puramente subjetivo desse fenômeno em que consiste o amor e como é o amor uma espécie de criação de um indivíduo suplementar, distinta daquele que usa no mundo o mesmo nome, e que formamos com elementos na maioria tirados de nós mesmos. Por isso, poucos são os que podem achar naturais as proporções enormes que acaba assumindo para nós uma criatura que não é a mesma que eles veem[7].

---

5. *À Sombra das Raparigas em Flor*, p. 62.
6. *Idem*, p. 63.
7. *Idem, ibidem*.

Contemporâneo de Freud que definia o amor como uma projeção sobre o ser amado, o narrador se distancia do fundador da psicanálise neste ponto. Entre dois seres que se amam, se acrescenta uma terceira pessoa invisível à sociedade que seria criada e não projetada e que domina seu suporte, a pessoa que ama. O mesmo nome os confunde, o que seria uma outra maneira de entender o duplo eu proustiano explicitado em *A Prisioneira* quando o narrador falará de Albertine e em *O Tempo Redescoberto* quando distinguira o eu social do eu profundo.

A terceira pessoa tem somente um órgão particular, a memória. Swann e Odette construíram esta pessoa dia após dia segundo o manuscrito[8]. Duas espécies de saber a constituem: um retém as atividades do ser amado, o outro alguns traços de seu caráter.

No entanto parece que, no que concernente a Odette, poderia ver que, se jamais compreendera inteiramente a inteligência de Swann, pelo menos sabia dos títulos e do andamento de seus trabalhos, de modo que o nome de Vermeer lhe era tão familiar como o de seu costureiro.

Em segundo lugar, um saber sobre

[...] essas particularidades de caráter que o resto do mundo ignora ou ridiculariza e de que só uma amante ou um irmã possuem a imagem semelhante e amada[9].

O físico não entra, apenas os hábitos que se incrustam numa identidade e que são percebidos por uma irmã, até por uma amante.

O narrador não pode todavia se abster de comentar a novidade participando da narrativa:

---

8. "nenhum estava tão profundo quanto o que eles tinham em se <cada um em> reencontrar cada um em no outro toda sua vida passada, que sem perceber disso, ele tinha dia após dia encerrado" (Proust, *Folio 55 vº. Caderno 20*. NAF 16660, transcrição de Guilherme I. da Silva).
9. *À Sombra das Raparigas em Flor*, p. 63.

e tanto apego criamos a essas características, mesmo àquelas que mais desejaríamos corrigir que, se os nossos velhos amores participam em algo do carinho e da força dos afetos de família, é porque a amante acabou por acostumar-se a tais coisas do modo indulgente e amigavelmente zombeteiro com que nos habituamos a olhá-las e com que as olham nossos pais. Os elos que nos unem a uma criatura se santificam quando ela se coloca no mesmo ponto de vista que nós para julgar algum de nossos defeitos[10].

Este texto extremamente sucinto merece ser desmembrado.

1. Estamos agarrados a alguns traços de caráteres, chamados linhas mais baixa "taras" (e não defeito como está traduzido), somente porque uma mulher se habituou a eles como nós e nossos pais.

2. Automaticamente, a relação com esta mulher é idêntica a que temos com as pessoas mais chegadas.

3. A condição para estar bem com esses defeitos ou taras é ser julgado de nosso ponto de vista.

Odette teria percebido em Swann "taras", provavelmente sua ciumeira ou seu espírito volúvel. Mas se acostumando e os julgando do ponto de vista de Swann, ela toma o lugar de uma irmã compadecente.

Se colocando do ponto de vista do ser amado ou da empatia com ele, a terceira pessoas não se enquadra na projeção freudiana. Será que voltamos ao clima de ternura que cerca todas as relações de amor nas personagens proustianos, clima já anunciado no *Caderno 22*?[11] Não é explícito no que segue, mas subentendido. Mas se trata somente de taras?

E entre esses traços particulares, havia uns pertencentes tanto à inteligência como ao caráter de Swann, e que, no entanto, em razão de terem nestes suas raízes, Odette discernira mais facilmente. Queixava-

---

10. Idem, ibidem.
11. "ele não lhe dizia mais que não a amava, era bom e tenro com ela [...] ela sentia que a calma ternura que tinha agora com ela duraria sempre e quando ela lhe informou da gravidez, ela entendeu imediatamente que ele a desposará" (*Caderno 22, Esquisse IX. A l'ombre des jeunes filles en fleurs*, pp. 1009-1010).

-se de que quando Swann escrevia e publicava ensaios, não se reconhecessem esses traços como nas suas cartas ou na sua conversação, nas quais abundavam. Aconselhava-a que lhe desse mais espaço em seus trabalhos[12].

O narrador faz menção de quais traços particulares? Só se os adivinharmos ou relermos os *Cadernos*, talvez mais explícitos[13]. Mas aqui, podemos no máximo reter "o que [tornaria] as obras mais vivas" e que é facilmente visível na sua correspondência ou sua conversação. Isto quer dizer caráteres que decorreriam do Swann, homem da sociedade, ou do Swann espontâneo que se oporia ao Swann artista e crítico? A terceira pessoa para Odette seria partidária de Sainte-Beuve por isso?

Assim o desejava porque eram os que preferia nele, mas, como os preferia porque eram os mais genuinamente dele, talvez não andasse mal em desejar que se encontrassem em seus escritos. Talvez também pensasse que as obras mais vivas, trazendo-lhe afinal o triunfo, permitiriam que ela constituísse o que aprendera, com os Verdurin, a colocar e cima de tudo: um salão[14].

Mesmo se "ela não estava errada", sublinha o narrador, quando deseja que Swann insira sua vivacidade de espírito ou seu espírito de conversação nas suas obras, podemos perguntar se a personagem de Odette não é construída como uma primeira tentativa do narrador de querer unir o que separará mais tarde no herói: a vida mundana e a arte? Ela seria assim um contramodelo que o narrador parece confirmar quando acrescenta o objetivo que ela se tinha dado: imitar os Verdurin, o que quer dizer, ter seu salão *à la* Verdurin. Será que ela pensava reunir também um

---

12. *À Sombra das Raparigas em Flor*, p. 64.
13. "Se ela não tinha mesmo nunca penetrado completamente a inteligência de Swann, pelo menos sabia os nomes de todos seus artigos, todos os detalhes de seu trabalho, mil traços particulares de seu caráter que o ~~vulgar~~ resto do mundo ignora ou ridiculariza, e que somente uma irmã, como ela era de fato, conhece e afeiçoa. E entre esses traços, havia também que pertencer a sua inteligência, daqueles que lhe eram mais acessíveis, e que aliás, eram talvez mais dele, que eram os melhores, que ela era talvez bem inspirada quando lhe aconselhava desenvolvê-los" (Folio 54 v° e 55 v°. *Caderno 20*. NAF 16660, transcrição de Guilherme I. da Silva).
14. *À Sombra das Raparigas em Flor*, p. 64.

pequeno clã mi-artístico, mi-mundano? O embaixador tinha avançado que o salão da Sra. Swann poderia ser um salão político ou literário[15], ao que responderá a continuação do romance, supomos. No *Caderno 20* na nota 13, o narrador concorda com sua personagem, ou melhor, faz dela seu porta-voz:

> E entre esses traços, havia também alguns que pertencia à inteligência [...] que eram os melhores, que ela era talvez bem inspirada quando aconselhava desenvolvê-los.

Nunca veremos as obras de Swann e nem saberemos dizer o que ele deveria ter desenvolvido. Apenas, podemos supor que esses livros seriam certamente cheio de inteligência, mas não faltaria a relação na qual insistirá mais tarde o narrador, a inteligência a serviço da sensação?

Esta oposição inteligência–impressão/sensação não é simples também como gostaria de fazer crer o *Dictionnaire Marcel Proust* que sublinha "a inocência do olho" necessária à composição. A expressão emprestada por Ruskin a Turner[16] se justifica na construção do pintor:

> O esforço que fazia Elstir por despojar-se, em presença da realidade, de todas as noções de sua inteligência era tanto mais admirável, porque esse homem – que antes de pintar se tornava ignorante, esquecia-se de tudo por probidade (pois o que se sabe não é a gente), possuía uma inteligência excepcionalmente cultivada[17].

Mas no trecho já comentado:

> É verdade, pensava eu, que bela voz, que ausência de gritos, que simplicidade de vestuário, que inteligência em haver escolhido *Fedra*! Não, eu não fiquei decepcionado[18],

a inteligência é entendida no sentido de discernimento.

---

15. *Idem*, p. 60.
16. *Dictionnaire Marcel Proust*, p. 513.
17. *À Sombra das Raparigas em Flor*, p. 492.
18. *Idem*, p. 50.

Nesta outra passagem, a inteligência é múltipla e compreende o dom do diagnosticar de Cottard:

Posto em presença de sintomas que podem pertencer a três ou quatro enfermidades diferentes, é afinal de contas o seu faro e o seu olho clínico que decidem com que doenças terá probabilidades de haver-se, malgrado as aparências mais ou menos semelhantes. Este dom misterioso não implica superioridade nas outras partes da inteligência...[19]

Numa terceira passagem enfim, trata-se da qualidade do tom da Berma:

Para dissimular a emoção, [Swann] meteu-se em nossa conversa sobre a Berma. Observou-me, mas num tom displicente, entediado, como se quisesse de algum modo permanecer à parte do que dizia, com que inteligência, que imprevista justeza dissera atriz dizia a Enone: "Tu o sabias!" [...] Era uma bela ideia; mas quem quer que a concebesse, igualmente a possuiria por completo. Restava a Berma o mérito de havê-la achado[20].

O conceito de inteligência já varia muito muitos em *À Sombra das Raparigas em Flor* e provavelmente em toda a obra, portanto, desconfiemos desta oposição sensação–inteligência que o narrador sublinha.

Observemos que entre a vida mundana e os trabalhos de seu marido, Odette não escolhe e pensa até fazer unir as duas modalidades no seu salão. Seria valorizar Swann para me valorizar, podia dizer Odette.

Entre a gente que considerava ridículo esse gênero de casamento, gente que indagaria no seu próprio caso: "Que pensará o sr. de Guermantes, que dirá Bréauté, quando eu desposar a senhorita de Montmorency?", entre as pessoas que alimentavam essa espécie de ideal social, teria figurado, vinte anos antes, o próprio Swann, aquele Swann que

---

19. *Idem*, p. 97.
20. *Idem*, p. 64.

se dera tanto trabalho para ser admitido no Jockey Club e contara naquele tempo com um casamento brilhante que, consolidando a sua posição, acabaria por torná-lo um dos homens mais distintos de Paris[21].

A vontade de Swann: tornar-se "um dos homens mais distintos de Paris" é tipicamente balzaquiano. Imbuído deste espírito arrivista que caracteriza a maioria dos heróis balzaquianos e Julien Sorel de Stendhal, ele está inclinado agora para a segunda proposição de Stendhal, que fará de Fabrice uma personagem privilegiando o amor e desprezando as conveniências na *Cartuxa de Parma*. De um ideal social a um ideal pessoal. Mas corrige o narrador, a nova atitude não decorre de uma decisão voluntária, mas da frequentação de Odette:

Ora, tanto como um retiro, uma doença, ou uma conversação religiosa, uma prolongada ligação de amor nos traz imagens novas em substituição às antigas. Da parte de Swann, não houve renúncia à ambições mundanas, ao desposar Odette, pois de há muito Odette o tinha desprendido dessas ambições, no sentido espiritual do termo[22].

O narrador dá dois motivos:

Aliás, se assim não fosse, maior seria o mérito. Esses casamentos infamantes são geralmente os mais estimáveis de todos, pois implicam o sacrifício de sua posição mais ou menos lisonjeira a uma ventura puramente íntima. [...] Por outro lado, como artista, senão como corrompido, talvez sentisse Swann certa volúpia em juntar a si, num desses cruzamentos de espécies como os praticam os mendelianos ou como os conta a mitologia, um ser de raça diferente, arquiduquesa ou cocote, em contrair uma aliança principesca ou fazer um má casamento[23].

A preferência para a intimidade ou a satisfação pessoal sem se preocupar com o "*qu'en dira-ton*", permite qualquer aliança. Recaímos no discurso sociológico e sobre o Prefácio da *Co-*

---

21. *Idem, ibidem.*
22. *Idem*, p. 65.
23. *Idem, ibidem.* Ver também a tese de Alexandre Bebiano já mencionada.

média Humana na qual Balzac inspirando-se de Geoffroy de Saint-Hilaire aplica a classificação das espécies zoológicas aos homens e os divide em espécies sociais. Mas enquanto Balzac vê na mulher o instrumento ou o meio possível para o homem de passar de uma classe social para outra: "a mulher não é sempre a fêmea do macho"[24] e que Flaubert a vê como aquela que desvia Frédéric da *Educação Sentimental* de suas ambições políticas e sociais, o narrador não pode se impedir de suspeitar Swann de corrupção que, porque artista, descobriria uma nova volúpia neste tipo de casamento que o força, no entanto, a quebrar as normas sociais.

Neste sentido, o narrador concorda com Pascal Quignard no seu estudo sobre os costumes romanos:

[...] um dia, Catão argumentava para proibir o amor sentimental nas matronas e sublinhava que um homem amoroso – permitia a sua alma de viver no corpo de outro – (Plutarco, *Catão*, XI, 5). O amor sentimental não é apenas ante-estatutário, ele ameaça a identidade pessoal. É ele que obriga a mudar de casa[25].

É o que fez Swann quando desposou Odette.

Apesar de sua preferência para a intimidade de preferência à sociedade, Swann se preocupa ainda com a concordância da duquesa de Guermantes:

Não havia no mundo mais que uma pessoa que o preocupasse, cada vez que encarava a possibilidade de casar-se com Odette, e nisso não entrava nenhum esnobismo: a duquesa de Guermantes[26].

Futurólogo ou organizador da narrativa, como quer, o narrador avisa seu leitor que mais tarde:

Ver-se-á que essa única ambição mundana que sonhara para a mulher e a filha foi justamente aquela cuja realização lhe foi negada, e por

---

24. Balzac, "Avant-propos", *La Comédie Humaine*, Paris, Seuil, L'Intégrale, 1965, p. 51.
25. Pascal Quignard, *Le sexe et l'effroi*, Paris, Gallimard, 1994, p. 173.
26. *À Sombra das Raparigas em Flor*, p. 65.

um veto tão absoluto que Swann morreu sem imaginar que a duquesa jamais pudesse conhecê-la[27].

Mas que, pelo contrário: "Ver-se-á também que, ao contrário, a duquesa de Guermantes travou amizade com Odette e Gilberte após a morte de Swann" e de concluir: "E talvez fosse mais sábio de sua parte [...] reservando-se a hipótese de que a desejada reunião bem poderia realizar-se quando ele não mais estivesse no mundo para saboreá-la"[28].

O narrador não hesita em dar ao desejo de Swann uma força além da morte como se devesse realizar-se a qualquer preço:

O trabalho de causalidade [...] é as vezes lento, tornando-se ainda um pouco mais lento devido ao nosso desejo – que, procurando acelerá-lo, o entrava, e também devido à nossa própria existência e só se realiza depois de termos deixado de desejar e, muitas vezes, de viver[29].

A relação amorosa aberta um dia entre Swann e Odette atravessa a morte, consegue quebrar a sociedade de castas ainda visível antes da guerra, se desliga dos dois amantes e realiza o desejo mais caro de Swann até ao exagero já que não apenas a filha Gilberte desposará Robert de Saint-Loup para se tornar em seguida duquesa Guermantes, mas Odette frequentará a aristocracia após a morte de Swann e chegará a ser amante do duque de Guermantes.

Proust não se afirma sociólogo por isso, mas defensor do desejo singular que dirige nossas relações ao que ele atribui uma energia tal que parece sair de seus autores e planar como as Ideias platónicas para encarnar-se em seguida no indivíduos.

---

27. *Idem*, p. 66.
28. *Idem, ibidem.*
29. *Idem, ibidem.*

5
Para que Serve a Literatura?

Não estava nesse jantar um escritor chamado Bergotte, senhor de Norpois? perguntei timidamente para se retinha a conversa no assunto dos Swann[1].

O escritor não é um desconhecido para o herói. Bloch lhe deu a conhecer[2], Swann o recomenda igualmente e lhe diz que ele é um grande amigo de sua filha Gilberte[3], o que reforça ao mesmo tempo o amor do herói para com Gilberte e sua admiração para o escritor[4].

No entanto, o embaixador despreza Bergotte e decepciona enormemente o herói que se questiona sobre a sua inteligência quando vê: "o que eu colocava mil vezes acima de mim, o que eu achava de mais elevado no mundo, estava para ele no mais baixo da escala de suas admirações"[5].

1. *À Sombra das Raparigas em Flor*, p. 68.
2. *No Caminho de Swann*, p. 124.
3. *Idem*, pp. 133-136.
4. *Idem*, p. 488.
5. *À Sombra das Raparigas em Flor*, p. 68.

Dividido entre as opiniões de Bloch, Swann e Norpois, o herói se sente obrigado em mitigar sua admiração para o escritor.

> Bergotte é o que eu chamo um tocador de flauta; cumpre reconhecer aliás que ele a toca agradavelmente, embora com amaneiramento e afetação. [...] Em suas obras sem músculos, jamais se encontraria o que podemos chamar de estrutura. Nenhuma ação – ou pouquíssima, mas principalmente, nenhum alcance. [...] Numa época como a nossa, em que a crescente complexidade da vida mal deixa tempo para ler, [...] em que tantos problemas novos e ameaçadores se nos apresentam por toda parte, você reconhecerá que temos o direito de pedir a um escritor alguma coisa mais que um sutil engenho que nos faz esquecer, em discussões ociosas e bizantinas sobre méritos de pura forma, que podemos ser invadidos de um momento para outro por uma dupla onda de bárbaros, os de fora e os de dentro[6].

As preocupações de Norpois sobre o papel da literatura na sociedade nos levam ao livro de William Marx:

> No cruzamento dos séculos XVIII e XIX, a importância atribuída à literatura aumentou desmedidamente: foi a religião da literatura; no meio do século XIX, levada por seu desprezo para uma sociedade que a colocava mais alto do que tudo, a literatura provoca a ruptura e se fecha no culto da forma: foi o tempo da arte pela arte; a partir do final do século XIX, sofrendo da situação marginal na qual se tinham colocado, eles mesmos, os escritores começaram em denigrar sua arte: foi o adeus à literatura[7].

A literatura [é] uma questão nacional ou pública? Ela deve comentar todos os acontecimentos ou reduzir suas ambições à discussões de pura forma

São perguntas que retomam a crítica de Marx[8].

Norpois se inclina certamente para a primeira posição e vê na literatura de Bergotte uma desvalorização da função

---

6. Idem, p. 69.
7. William Marx, *L'adieu à la littérature*, pp. 167-168.
8. Dominique Vaugeois, "Qui a tué la littérature?", *Acta Fabula*, Printemps 2006 (vol. 7, n. 1), URL: <http://0.fabula.org/revue/document1149.php>.

do escritor. O embaixador se acredita provavelmente ainda no tempo

[...] do triunfo de Voltaire o 30 de março de 1778, quando desafiando uma proibição real [...], (o filósofo voltou para Paris na ocasião da representação de sua última tragédia) e quando o espetáculo foi aplaudido do início até o fim numa sala superexcitada ao ponto que era impossível ouvir os atores[9], o que constituía o sumo do reconhecimento social da literatura[10].

No entanto, nas margens do *Caderno 20*, o narrador faz de Bergotte o discípulo de Voltaire:

[...] temos o direito de pedir a um escritor de fazer mais do que articular suas palavras de uma maneira mais ou menos harmoniosa à maneira de Voltaire[11].

Isto quer dizer que Voltaire serve para os dois lados.

Norpois reconhece, por outro lado, que sua posição é contrária à crítica atual:

Sei que isso é blasfemar contra a Sacrossanta Escola do que esses senhores chamam a Arte pela Arte, mas na nossa época, há tarefas mais urgentes do que ordenar palavras de um modo harmonioso[12].

Ele se permite em seguida criticar o poema que o herói lhe apresentou:

Compreendo melhor agora, reportando-me à sua exagerada admiração por Bergotte, as linhas que você me mostrou há pouco e que fiz bem em passar por alto, porque, como você mesmo disse com toda a

---

9. Marx, *op. cit.*, p. 47.
10. "reconhecimento que teria começado pela publicação do *Traité du sublime* de Longin por Boileau em 1674 (que propõe) uma sorte de imediata relação entre seus três termos constitutivos, o referente, o autor e o leitor. [...] a literatura se vê ou elevada em cima das contingências terrestres da ordre do sagrado, ou encarregada de exercer todas as funções vitrais de uma sociedade" (Vaugeois, *op. cit.*).
11. Folio 56 r°. *Caderno 20* (transcripção de Guilherme I. da Silva).
12. *À Sombra das Raparigas em Flor*, p. 69.

franqueza, não passavam de garatujas infantis. [...] Afinal das contas, muitos outros têm semelhantes pecados na consciência, e você não foi o único que se julgou poeta por sua vez. Mas nota-se no que me mostrou a má influência de Bergotte[13].

E Norpois cravando o prego na ferida do herói lhe retira mesmo as qualidades de Bergotte:

Não o surpreenderei evidentemente se lhe disser que no referido trecho não havia nenhuma das qualidades de Bergotte, pois ele é um verdadeiro mestre na arte, aliás inteiramente superficial, de certo estilo do qual você, na sua idade, não pode possuir nem sequer os rudimentos. Mas os defeitos já são os mesmos: esse contrassenso de alinhar palavras sonoras, para só depois atentar no sentido[14].

O embaixador reconhecendo assim o valor da obra de Bergotte se coloca imediatamente do lado do *Contre Sainte-Beuve*:

[...] o que não impede que no seu caso a obra esteja infinitamente acima do autor. Ah! Eis aí um para justificar o homem de espírito que dizia que só devemos conhecer os escritores por intermédio de seus livros. Impossível achar um indivíduo que corresponde menos aos seus, mais pretensioso, mais solene, de convívio menos agradável[15].

A personagem é, portanto, construída como se defendesse a posição de Marcel Proust nas relações entre a obra e a vida do autor, mas também como se criticasse vivamente ao mesmo tempo a obra do herói e a escola de arte pela arte representada por Bergotte que continua denigrando:

13. *Idem, ibidem.*
14. *Idem, ibidem.*
15. *Idem,* p. 69. "Já em acréscimos um pouco postériores ao caderno 38 ao redor do verão de 1910", o narrador assumia a posição de seu embaixador: "E era talvez com efeito alguma coisa deste tempo que seus maiores artistas são ao mesmo tempo mais conscientes da dor do pecado e mais condenado ao pecado que não eram os que os antecederam, negando aos olhos do mundo sua vida, relacionando-o ao velho ponto de honra, à antiga moral, por amor-próprio e para considerar como ofensa o que faziam" ("Notice", *A l'ombre des jeunes filles en fleurs*, p. 1311 e *Caderno 38. Esquisse XXIII*, p. 1034).

Não sei se é Loménie ou Sainte-Beuve que refere que Vigny pecava pelo mesmo defeito. Mas Bergotte jamais escreveu *Cinq-mars*, nem o *Cachet rouge*[16], onde há certas páginas que são verdadeiros trechos de antologia[17].

Gozando assim da poesia de seu herói, o narrador se distancia, o que ele faz normalmente no início do romance e manda sua personagem defender um ponto de vista crítico ao mesmo tempo contra o simbolismo representado por Mallarmé no final do século e contra Sainte-Beuve – que ele mesmo já tinha aprovado no *Caderno 38* independentemente de sua personagem.

O próprio escritor ousou escrever em 1896, "Contre l'obscurité" na *Revue des Deux Mondes* na qual atacava os simbolistas sem nomear Mallarmé[18] e muito mais tarde, tinha precedido a posição de Norpois num dos rascunhos de *Em Busca do Tempo Perdido* em 1908-1909, chamado em seguida *Contre Sainte-Beuve*.

O embaixador representaria a crítica literária defendida pelo jovem Marcel Proust, contra tudo o que vinha antes dele e contra o que era de seu tempo? Parece que há uma ligação evidente entre a criação do personagem e a posição do jovem Proust. Mesmo se o contexto estudado por Anne Henry descreva um Proust defensor de Mallarmé perto de seus amigos, não há dúvidas que o poeta das *Fenêtres* "é para ele um poeta obscuro"[19] e que o narrador está atrás de seu personagem Norpois. O marquês parece, portanto, assumir um papel de passagem que anulando o poema do herói, o forçará a partir em outras bases

---

16. Alfred de Vigny escreveu *Cinq-Mars ou une conjuration sous Louis XII* inspirado pelo complô urdido pelo jovem Marquês de Effiat para destituir Richelieu. Foi publicado em 1826; em 1827, vendo as censuras dos críticos (Sainte-Beuve notadamente) sobre embelezamento da figura de Cinq-Mars, Alfred de Vigny acresentou uma espécie de prefácio "Reflexões sobre a Verdade na Arte", na qual ele se justifica. Também escreveu na *Revue des deux mondes*, tomo 1, jan.–mar. 1833 *Laurette ou le Cachet rouge. Histoire de régiment*. Um capitão de navio mandado pelo Diretório da República, deve abrir uma carta selada em pleno mar e executar a ordem misteriosa.
17. *À Sombra das Raparigas em Flor*, p. 70.
18. Proust, "Contre l'obscurité", *Essais et articles*, Paris, Gallimard, 1971, p. 390.
19. Anne Henry, *Marcel Proust. Théorie pour une esthétique*, Paris, Klinksieck, 1983, p. 55 e seguinte.

na sua escritura. A história do verso livro descrita por Laurent Jenny poderá esclarecer os interessados no seu lugar na poesia francesa[20].

Aterrado com o que o sr. de Norpois acabava de dizer do fragmento que lhe mostrara, e pensando nas dificuldades que tinha quando desejava escrever um ensaio ou apenas entregar-me às reflexões sérias, mais uma vez reconheci minha nulidade intelectual e que não tinha nascido para as letras[21].

Ou, em outras palavras, o herói não se sente enquadrado na concepção da literatura segundo Norpois.

---

20. "Para levar o debate sobre o método de uma história das formas, desenvolverei aqui o exemplo do verso livro, uma das peças marcantes do capítulo sobre o simbolismo. A história do verso livro é para Jenny a de um fracasso da conceptualização poética: é porque os promotores da forma não chegaram em dar uma definição apropriada que o verso livro, flutuando entre duas descrições contraditórias, fracassou. Quinze anos apenas após as primeiras tentativas de Kahn e de Laforgue (1886), o relatório encomendado em 1902 a Catulle Mendès pelo ministro da Instrução pública parece com efeito assinalar seu falecimento. Este fracassso se explica por dois motivos. O primeiro é que a ligação constitutiva com o verso regular não foi desnodado: os versos-libristas ficam agarrados à rima, e a teoria acentual do verso mistura as fronteiras das formas. O segundo motivo é a doutrina da expressividade, que conduz da interioridade de um sujeito a sua manifestação sensível: procedendo do 'ritmo pessoal', o verso se define pela 'unidade de pensamento', isto é, o recorte gramatical. As duas determinações se superpõem; elas proibem ao verso livro de accesar a sua lógica própria, que é de ordem espatial. O simbolismo é, portanto, 'um grande descobridor de formas, que não lhe servem para nada, porque são rebeldes a sua *ideia*, de sorte que ele é o primeiro a rejeitá-las' (p. 58). Essas formas são as mesmas que as que os modernistas saberão reconhecer e colocar em obra: mas existe mesmo assim uma solução de continuidade entre os dois momentos, porque o primeiro é sem saída porque leva à repetição esteril ou à renegação" (Comentário de Laurent Jenny, *La Fin de l'intériorité Théorie de l'expression et invention esthétique dans les avant-gardes françaises (1885-1935)*, Paris, PUF, 2002 em Michel Murat, *D'um récit l'autre*. <http://www.fabula.org/cr/465.php>).
Ver também o simbolismo belga, que influenciou tanto a arte e a literatura francesa, e foi em primeiro lugar um movimento deste país. O que seria o surrealismo, se não tiver tido Delvaux, Mesens, Achille Chavée, Fernand Dumont...? De Wiertz a Rops, de Ensor a Permeke, do Centaure a Isy Brachot, do surrealismo de Mons a Pol Bury, 200 livros confirmam as palavras de Jean Cassou: "Existe um miráculo belga". <contact@archivesdunord.com>. Outubro de 2014.
21. Proust, *À Sombra das Raparigas em Flor*, p. 70.

Admirando o embaixador, "era julgado do exterior, objetivamente, pelo conhecedor mais arguto e esclarecido", o herói se sente forçado em entrar nos seus parâmetros:

> Sentia-me consternado, diminuído; e meu espírito, como um fluido que só tem as dimensões do vaso que lhe fornece, da mesma forma que se dilatara antes até encher as capacidades imensas do gênio, agora contraído, cabia inteiro na mediocridade estreita em que o sr. de Norpois subitamente o encerrara e restringia[22].

O herói percebe na metáfora do vaso, mas sem ver ainda as consequências, que o julgamento de um outro restringe o valor de sua obra à mediocridade deste que julga. Em outras palavras, um crítica com vista estreita, será incapaz de ver a amplidão e a qualidade da obra, o que anuncia a metáfora do vaso.

Em quais critérios se baseiam Norpois para julgar o texto do herói? Se nos reportamos aos exemplos citados, o sentimento do infinito sobre o Lago Victoria e o fuzil a repetição do exército búlgaro, a ação ou a estrutura em lugar do alinhamento de "palavras bem sonoras", sentimos que o narrador pratica uma literatura negativa em relação ao herói, no sentido em que os teólogos falam de teologia negativa para dizer o que não é Deus. Mas o herói ainda não entendeu. Submetido ao prestígio de Norpois, não pode ainda de destacar dele, embora o narrador lhe estende a mão com a metáfora do vaso.

A continuação da narrativa confirma o *Contre Sainte-Beuve*, mostrando ao mesmo tempo a decalagem entre a vida de Bergotte e sua obra e, o desejo moralizante do embaixador, apesar de sua denegação.

Alguns anos antes, fez Bergotte, uma viagem a Viena, quando eu era embaixador ali, foi me apresentado pela princesa de Metternich, inscreveu-se na embaixada e mostrou desejo de ser convidado para as suas recepções. Ora, eu, como representante da França no estrangeiro, à qual em certa medida ele honra com os seus escritos, e numa medida bastante fraca, digamos, por ser exato, poderia eu passar por alto a

---

22. *Idem*, p. 71.

triste opinião que tenho da sua vida privada. Mas ele não viajava sozinho e, ainda mais, tinha a pretensão do que fosse também convidada a sua companheira. Não creio ser mais pudibundo do que outro qualquer, e, como celibatário, podia talvez abrir um pouco mais largamente as postas da embaixada, do que se fosse casado e pai de família. Contudo, confesso que há um grau de ignomínia com que eu não poderia acomodar-me, e que é tanto mais repugnante pelo tom mais que moral, ou melhor, moralizador, que Bergotte assume em seus livros, nos quais não se veem mais que análise perpétuas e, entre nós, um pouco frouxas, de escrúpulos dolorosos, de remorsos doentios, e isto por simples pecadilhos, uns verdadeiros sermões, e bem baratos, ao passo que mostra tanta inconsciência e cinismo na sua vida privada. Em suma, esquivei-me à resposta, a princesa voltou à carga, mas sem maior êxito[23].

Norpois não julga a obra a partir da vida de Bergotte como faria Sainte-Beuve segundo Proust. Ele vê, pelo contrário, uma contradição e exige uma coerência mais pronunciada como se o autor engajado totalmente na sua obra, devesse viver os valores defendidas, como se a obra tivesse como objeto a moralização da sociedade.

Voltamos de novo à problemática do lugar da literatura na sociedade, já esboçada no início deste capítulo, mas esta vez, com mais profundidade.

É preciso, em primeiro lugar, suprimir a obrigação moral que teria a literatura em elaborar modelos de comportamento, e lembrar os processos de Baudelaire e Flaubert por ofensas aos costumes na sociedade de Napoleão III. Em segundo lugar, pensar em termos de ética e não mais distinguir a literatura das outras artes.

Se a moral é a prática das virtudes consideradas boas ou conforme numa sociedade determinada, "a ética é a condição de uma política aberta à invenção de nosso futuro"[24] ou ainda, ela inclui "o ser que por essência transborda a moral"[25].

A ética conversa com a arte se a definimos como sendo essencialmente uma abertura para novos horizontes. A literatura

---

23. Idem, p. 71.
24. Eugénie Lemoine Luccioni, *L'Histoire à l'envers. Pour une politique de la psychanalyse*, Paris, Des femmes, 1992. p. 222.
25. Daniel Sibony, *Don de soi ou partage de soi?*, Paris, éd. Odile Jacob, 2000, p. 94.

que integra as artes tem, portanto, como alvo a criação de novos objetos ou de situações que revelam um pedaço de real, se nos reportarmos aos registros lacanianos. Os exemplos não faltam na literatura francesa. O avarento Gobsek em Balzac, Madame Bovary em Flaubert ou as relações de ciumeira entre as personagens proustianas, por exemplo, conseguem cercar alguma coisa de novo ou transmitir uma impressão na qual se reflete os leitores, que, em seguida, integra o simbólico existente sob a forma de uma personagem ou de uma situação. O pedaço de Real não é dito, mas decorre da situação criada pelo escritor que é sentida pelo leitor. Em outras palavras, a ética tem profundas relações com o desejo versus gozo.

É na medida em que o escritor perseguindo seu desejo de escrever, será movido por um pedaço de real inconsciente do gozo que ousará franquear as barreiras eventuais da moral e inventar novas personagens ou situações que ressoarão nos seus contemporâneos ou nas gerações futuras.

O escritor será afetado por isso em seu caráter, seus hábitos, suas reações, seus sonhos, seus costumes, em outras palavras, no seu RSI? Não necessariamente e aqui respondo a Norpois.

Ë provável e é muitas vezes o caso, que o escritor não se dá conta que criou novidades inventando uma personagem ou uma situação inédita ou, se percebeu, não aceitará necessariamente os caráteres descritos como sendo dele. Se distanciando de sua criatura, poderá dificilmente se identificar ou adotar qualidades ou mais simplesmente, o discurso detido pela personagem.

Que as personagens de Bergotte tem, portanto, um discurso *prêchi-prêcha* não pode impedir o escritor de viver "uma vida cínica" como lhe censura Norpois. Entretanto, a força da ficção é tanto poderosa que leva frequentemente o escritor lá onde ele não sabe e não quer ir.

Não foi Dominique Rollin que dizia numa entrevista em 1966, quando republicaram *Gardien* (1954):

Não dirijo nada, fora uma sólida disciplina pessoal de trabalho. Uma vez que está duramente amarrado ao barco de sua escolha, é preciso se entregar aos deuses. O movimento leva você aqui mais do que lá, deve ser considerado como o indicador irresistível dos itinerários.

Lembremos ainda do destino traçado na trama de um tecido no filme *Wanted*, no qual os integrantes da Fraternidade, sociedade secreta de assassinos, se sentem obrigados em matar o portador do nome legível no tecido, mesmo se fosse um deles[26].

Como entender os poucos efeitos dos deuses ou do destino na via, diremos moral, do escritor?

Deveria retomar a distinção vista antes entre a moral e a ética para ter a resposta. A atitude de Bergotte é dupla. Por mais que eticamente, esteja aberto ao novo, ele pode ser tradicional nos costumes que ele não questiona.

No entanto, tenho dificuldade em acreditar que um contato como esta força da qual fala Rollin, com o que ela chama "os deuses" não tenha um impacto profundo na vida privada do escritor. Este movimento direcional ressentido pelo escritor não parece o de um êxtase no qual o sujeito fora de si, tem uma relação intensa com algo que o ultrapassa? Moisés no monte Sinai não entreviu o gozo divino e não voltou transformado?[27]

Talvez seja preciso entender o conceito de vida privada. Norpois se refere nitidamente à vida sexual de Bergotte. Não é aí que o contato com o gozo se faz mais intenso para o comum dos mortais e que pode abrir indiretamente o espírito do escritor? Não é esse gozo que o escritor procura saciar indiretamente nas suas atividades, como todos os homens? Não haveria, portanto, contradição como pensava Norpois, entre a atitude do escritor e a do autor.

Por outro lado, por que a força da ficção leva certos leitores, e não outros na sua órbita? E somente um problema de retórica ou como convencer o leitor da justeza dos argumentos? Não, com certeza! Não se trata de convencer a inteligência do leitor, mas seu coração, metaforicamente falando. Na medida em que o escritor atento a seu desejo escreve, saberá interessar seu leitor, pouco importa sua vida privada e os moralistas.

---

26. Com James McAvoy, Morgan Freeman, Angelina Jolie, Common e Kristen Hager. Realizador: Timur Bekmambetov. Distribuição, Paramount Films, 2008.
27. Willemart, *Além da Psicanálise: As Artes e a Literatura*, São Paulo, Nova Alexandria, 1995, p. 28.

6
A Berma e Gilberte, Atrizes de Comédia

No segundo capítulo, descrevia três fios que tecem a escritura desta parte de *Em Busca do Tempo Perdido*: o amor do herói para com Gilberte, a encenação da Berma em *Fedra* e a vocação do herói, três situações nas quais Norpois desempenha seu papel de embaixador. Chegamos ao último fio que subentende os dois outros, a relação do herói com Gilberte.

– E nesse jantar não estava a filha da senhora Swann? Disse eu ao sr. de Norpois, aproveitando o momento em que se passava à sala para lhe dirigir essa pergunta, pois aí poderia dissimular mais facilmente a minha emoção do que quando estava à mesa, imóvel e em plena luz[1].

O herói é louco por Gilberte, segundo suas próprias palavras, sem querer mostrá-lo demais no início:

---
1. *À Sombra das Raparigas em Flor*, p. 72.

Enquanto dizia tais palavras (– Ah! Não deixarei de contar-lhes essa: elas ficarão muito lisonjeadas) estava o sr. de Norpois, por alguns instantes ainda, na situação de todas as pessoas que, ouvindo-me falar de Swann como de um homem inteligente, de seus parentes como reputados corretores, de sua casa como de uma bela casa [...]; é o momento em que um homem são de espírito que conversa com um louco ainda não percebeu que se trata de um louco[2].

Mas não, o herói não para de falar de Gilberte e de ocupar o espírito pelas simples palavras do embaixador. Mas diante da resposta, evasiva, no entanto, de Norpois, ele não pode se impedir de esboçar um movimento desajeitado.

Aquele homem importante que ia utilizar-se em meu favor do grande prestígio que devia ter perante a sra. Swann, inspirou-me subitamente tamanha ternura que tive dificuldade em conter-me para não beijar as suas suaves mãos brancas e enrugadas, que pareciam ter permanecido por muito tempo dentro d'água. Quase esbocei o gesto, que supus ter sido o único a notar[3].

Infelizmente!, não foi o caso.

Todavia alguns anos mais tarde, numa casa onde o sr. de Norpois se achava de visita e onde me parecia o mais sólido apoio que pudesse encontrar, por ser ele amigo de meu pai, bondoso, inclinado a querer-nos bem a todos, além disso habituado à reserva por sua profissão e por suas origens, contaram-me, depois de partir o embaixador, que fizera alusão a uma noite de anos atrás, dizendo que vira o momento em que eu ia beijar-lhe as mãos"[4].

2. *Idem*, pp. 72-73.
3. *Idem*, p. 73, ver Bauchau. Antigone: "'Estou contente porque tu cuidas também dele (Édipo)'. Ele (Clios) está admirado, ele é comovido. Ela enrubesce, ele está com vergonha de ter beijado sua mão" *(Édipo na Estrada*, Arles, Actes Sud, 1990, p. 58).
4. *Idem*, p. 74. Em *Rivage des Syrtes* de Julien Gracq, o herói Aldo age de mesmo modo com Danilo, o senhor todo poderoso de Orsenna: "Um peso enorme deslizou de repente de meu peito e entendi que há muitos dias, não tinha respirado a vontade. Este que estava na minha frente tinha o poder de ligar e desligar. Uma vontade louca me atravessou: a de beijar a mão seca e longa que pendava diante de mim na sombra na beira da poltrona" (Paris, Gallimard, 1989, p. 824).

A BERMA E GILBERTE, ATRIZES DE COMÉDIA

O embaixador chocou-se ao mesmo tempo pela falta de retidão do herói e do gesto curioso que não se faz senão em circunstâncias excepcionais para manifestar reconhecimento, ou por escrito, para se recomendar ao destinatário ou a outra pessoa via o destinatário ou para lhe significar sua submissão.

No entanto, recuando um pouco na composição do trecho, consultei os *Cadernos* 20 e 21 nos quais o embaixador fará existir o herói para Sra. Swann, mas enquanto o *Caderno* 2 não menciona a reação do embaixador e passa diretamente à leitura do jornal pelo pai[5], no primeiro[6], o escritor acrescenta no fólio 58 v°: "boa versão da frase em frente" e transcreve imediatamente a reação de Norpois:

> Neste momento, vi no seu rosto uma expressão de hesitação e de descontentamento e nos seus olhos este olhar estreito, obli vertical e obliquo como numa figura geométrica que estende um lado que que figura representa, como <na perspectiva de> uma <certa> d figura geométrica um lado de um objeto, um lado de um objeto invisível na realidade, que representa o <este> interlocutor invisível que temos em nós-mesmo quando lhe dizem em parte alguma coisa que o outro interlocutor este para quem falava até então, o estrangeiro – era eu nesta ocasião – não deve entender.

Quer dizer que o herói parece mais perspicaz no *Caderno* 20 do que no caderno seguinte ou, o narrador quer lhe reservar esta atenção aguda apenas "alguns anos mais tarde", sublinhando assim a importância da releitura.

No texto publicado, o narrador se pergunta em seguida como funciona o mecanismo da lembrança após alguns anos:

> É nos verdadeiramente difícil calcular em que escala aparecem para os outros as nossas palavras ou movimentos; por medo de exagerar

---

5. "Mas mesmo se tivesse me dando conta que a comissão de sr. de Norpois fosse sem grande utilidade, ou mesmo nociva, não teria tido, se contava fazê-lo, a coragem de renunciar à volúpia fosse – ela <ser> nefasta,[...] Quando sr. de Norpois foi embora meu pai dava uma olhada no jornal da noite" (*Caderno 21*, folio 44 r°).
6. *Caderno 20*, folio 58 r°.

nossa importância, e aumentando enormemente o campo sobre o qual são obrigados a estender-se as recordações das outras pessoas no decurso de sua vida, imaginamos que as partes acessórias de nossa fala, de nossas atitudes, mal penetram na consciência daqueles com quem conversamos, e, com muito mais razão, não permanecem na sua memória. É aliás a uma suposição desse gênero que obedecem os criminosos quando retocam mais tarde uma frase que disseram, criando uma variante que imaginam impossível confrontar com qualquer outra versão[7].

Uma vez lançados, os gestos e os discursos tomam voo, não pertencem mais ao herói e dependem mais do fantasma de cada um de seus interlocutores que deles mesmos, contrariamente ao que acreditam os assassinos. Neste sentido, a última versão é raramente a que corresponde ao acontecimento, da onde decorre minha crítica da autobiografia, sempre "arranjada" a meu ver[8].

Tocamos aqui numa das diferenças entre a arte e a atualidade. Enquanto na escritura, a última versão endossada pelo autor é muitas vezes a melhor porque é o resultado de um esforço gigantesco, a realidade que se escreve apenas no seu primeiro gesto não pode mais ser alcançada nem corrigida e contribui para construir as reputações. Privilégio evidente da escritura na qual a espontaneidade é má conselheira, embora frequentemente invocada pelos escritores[9], mas onde também o autor é o único dono enquanto a palavra e o gesto são retomados, dispersos, reescritos sem controle. Neste sentido, a palavra é coletiva e a escritura pessoal.

---

7. *À Sombra das Raparigas em Flor*, p. 73.
8. Willemart, "O Eu Não Existe: Crítica da Autobiografia e a Autoficção Acaba com a Autobiografia?", *Os Processos de Criação na Escritura, na Arte e na Psicanálise*, São Paulo, Perspectiva, 2009, pp. 127 e 143.
9. Os escritores gostariam que os leitores acreditassem que eles escrevem, ou melhor, transcrevem sob o efeito da inspiração. Fernando Pessoa afirmava que *O Guardador de Rebanhos*, peça central da obra de seu heterônimo Alberto Caieiros, "saiu de uma inspiração repetina, sem rascunhos nem revisões". O estudo do acervo prova que "a fase dos rascunhos se situe no período de março a maio de 1914" (Ivo Castro, "Parole de l'auteur contre parole de dossier: sémiotique de l'archive chez Fernando Pessoa", *Genesis*, Paris, Jean-Michel Place, 1996, 10, p. 59).

Manifestadamente, Norpois é construído como alguém que não gosta especialmente do herói ou como incapaz de entender os amores de um adolescente e que, vítima da sociedade dos boatos, é obrigado a usá-los mesmo para denegrir o filho de um amigo que o considerava seu melhor apoio perto da família Swann. Conclusão do herói:

> Esse mexerico muito me esclareceu sobre as inesperadas doses de distração e de presença de espírito, de esquecimento e de memória que formam a alma humana; e fiquei tão maravilhado de surpresa como no dia em que li pela primeira vez, num livro como o de Maspero, que se conhecia exatamente a lista dos caçadores que Assurbanipal convidava para suas batidas, dez séculos antes de Jesus Cristo[10].

Será que o narrador alude à distração de Norpois que esquece sua amizade pelo pai do herói? De sua presença de espírito por que não perde uma ocasião de intervir? Da curiosa combinação de memória e de esquecimento da qual é feito nosso espírito que lembra de um gesto desapercebido a um interlocutor? Lembrando do *Caderno* 20, o que o herói nem podia ver nem ouvir, "o outro interlocutor este para que se fala até aqui, era eu nesta circunstância – não deve compreender", ele entende por outras pessoas alguns anos mais tarde. Nada a ver, portanto, com Assurbanipal senão o encantamento do herói comum aos dois fatos.

Felizmente para o herói, o maledicência de Norpois não impediu sua admissão na casa de Gilberte mais tarde.

> Depois que partiu o sr. de Norpois, meu pai lançou os olhos pelo jornal da tarde; eu pensava de novo na Berma. O prazer que sentia ao ouvi-la precisava ser completo, tanto mais que ficara muito aquém do prometido; e por esse motivo assimilava tudo quanto fosse capaz de aumentá-lo, como, por exemplo, aqueles méritos que o sr. de Norpois via na Berma e que minha alma bebera de um só trago, como um prado muito seco a água que lhe foi lançada[11].

---

10. *À Sombra das Raparigas em Flor*, p. 74.
11. *Idem*, p. 77.

As palavras de Norpois já tinham tranquilizado o herói no seu desejo de exaltar a Berma, a nota do jornal o satisfaria mais ainda:

A representação de Fedra realizada ante uma sala entusiasta onde se notavam as principais notabilidade do mundo das artes e da crítica, foi para Madame Berma, que desempenhava o papel de Fedra, ensejo para um triunfo como raramente os terá ela conhecido mais brilhante no decurso da sua prestigiosa carreira. [...] tal interpretação renovava inteiramente o papel de Fedra, um dos mais belos e conhecidos do teatro de Racine, e constituía a mais pura e a mais alta manifestação de arte que nos haja sido dado assistir em nosso tempo[12].

O herói continua sua introspecção e não se reconhecendo inteiramente sincero e lúcido, no entanto, acrescenta as impressões do jornalista às dele e grita: "Que grande artista!"

A interjeição o leva em comparar-se aos escritores, artistas, amantes, maridos inconsoláveis ou turistas, que necessitam do apoio de um grande artista perto do qual eles se avaliam vantajosamente, ou da mulher amada, mesmo se ela os engana ou da chatice de uma viagem, para exaltar sucessivamente sua escritura, a mulher ou a viagem.

Uma vez mais, o narrador denuncia com fineza o mecanismo subjacente: a exigência de uma ideia que foi primeiramente "um verdadeiro parasita" e que, em seguida, se impõe à nossa admiração. Embora rejeitada antes, a ideia de uma Berma medíocre continua dominando o espírito, mas sob a ação do outro, aqui o jornalista, ela muda de qualificação e se torna "admirada".

A primeira sensação se deixa facilmente transtornadora sob a ação, não posso mais dizer simplesmente do outro, mas de um texto escrito e público, de uma escritura com uma dimensão infinitamente superior à de uma primeira impressão, leva o herói. Na linguagem lacaniana, trata-se de uma luta entre dois imaginários, salvo que o do jornal se impõe e se torna uma estrutura ou uma qualificação que fazem que a Berma deva ser admirada necessariamente.

---

12. Idem, ibidem.

A contingência individual se submete à necessidade pública que opera como uma estrutura obrigatória como o narrador já constatava no fólio 46 r° do *Caderno 21*: "Assim o interesse que excitava em mim a Berma ~~por~~ crescia à cada instante, não sendo mais ~~limitado~~ <comprimido> por uma realidade dada como enquanto a ouvia"[13].

A realidade social se impõe e precisaria ser bem forte para se opor. A dependência do pensamento do outro ou do grande Outro é manifesta. É devido à juventude do herói? Neste sentido *A Busca do Tempo Perdido* confirmaria sua natureza de romance de formação já que no terceiro volume o herói desencantar-se--á da Berma:

> A falar a verdade, não ligava eu importância alguma a essa oportunidade de ouvir a Berma que, alguns anos antes, me causara tamanha agitação. [...] minha fé e meu desejo não mais viesse prestar um culto incessante à dicção e às atitudes da Berma, o "duplo" que eu deles possuía em meu coração fora pouco a pouco definhando, como esses outros "duplos" dos mortos do antigo Egito que era precisa alimentar constantemente para lhes conservar a vida. Aquela arte se tornara débil e mesquinha. Nenhuma alma profundo a habitava mais[14].

Mais tarde, o herói tinha aprendido a se deligar de seus amores de adolescente ou a ler de outra maneira os signos da arte.

A psicologia proustiana paralela à freudiana aparece aqui. Os seres admirados ou amados o são somente porque introjetamos seu duplo em nós. A importância que lhes atribuímos se medirá à comida que lhes damos. Em *Sodoma e Gomorra*, o narrador propõe um dispositivo semelhante, mas que parte não mais de um outro, mas do próprio indivíduo. A orientação sexual é atribuída a "uma silhueta" incrustada na pupila que não apenas dirige o olhar, mas manifesta o desejo do sujeito para um objeto feminino ou masculino, como assinala explicitamente o

---

13. *Caderno 21* (transcripção de Guilherme I. da Silva), NAF 16661, Departamento dos manuscritos, Bibliothèque Nationale.
14. *O Caminho de Guermantes*, p. 43.

manuscrito datilografado[15]. Não se trata mais da percepção do Barão de Charlus pelo herói, mas de entender como funciona a engrenagem da máquina que tem o nome da personagem. Dois elementos são apresentados: o trabalho interno do desejo e a percepção que o move.

Mais tarde ainda, o herói reforçará o dispositivo interno lhe acrescentando um aspecto moral e constatará a forma invariável da amada qualquer que seja seu nome:

> Enquanto o cocheiro fustigava o cavalo, eu escutava as palavras de gratidão e ternura que Gisèle me dizia, todas nascidas de seu bom sorriso e da sua mão estendida; é que nos períodos de minha vida em que não estava e deseja estar enamorando, trazia em mim, não só um ideal físico de beleza entrevista e que reconhecia de longe e toda mulher que passava à distância suficiente para que suas feições confusas não se opusessem à identificação, mas também o fantasma moral, disposto sempre a encarnar-se, da mulher que se ia enamorar de mim e dar-me as réplicas naquela comédia amorosa que trazia eu escrita na cabeça desde menino, comédia que, a meu ver, qualquer rapariga amável estava querendo representar, contanto que tivesse um mínimo de disposições físicas para seu papel. Nessa obra, e qualquer que fosse a nova "estrela" que eu trazia para que estreasse ou repetisse esse papel, a cena, as peripécias e o texto conservaram uma forma *ne varietur*[16].

Estamos no teatro de novo, não mais de Racine, mas numa comédia para dois, "toda escrita na minha mente desde a infância", na qual a segunda personagem é somente uma projeção da primeira, ou melhor, na qual ela tem sempre o mesmo papel qualquer que seja o seu físico ou seu caráter.

O embaixador não é construído como se mudasse de opinião sobre a Berma, já que continua entusiasta e alimenta a velha imagem recebida quando da primeira representação, tanto

---

15. "Ele tem inscrito em seus olhares o desejo através o qual ele vê todas as coisas no universo, para eles, esta forma entalhada na faceta da prunela não é a de uma ninfa, mas de um efeba" (Proust, Ms dactilografiados 1 e 2. Proust, *Sodome et Gomorrhe*, p. 1277).
16. *À Sombra das Raparigas em Flor*, p. 548.

quanto o jornalista que convenceu o herói no início. Ademais, Norpois que teria o direito de estar surpreendido pelo gesto desajeitado do herói, se montra, pelo contrário, incompreensivo em relação aos amores do herói; não pode penetrar o porque deste gesto não entendendo a emoção do adolescente. Habituado aos "falsos" sentimentos que deve mostrar na sua função, tem dificuldade em assimilar os verdadeiros.

Com a idade avançando, o herói começa a ver a Berma como as mulheres que conheceu, como uma "estrela" momentânea que de fato retoma "o papel, a encenação, as peripécias, o mesmo texto" do que tinha imaginado, o que corrobora sua decepção inicial. Gilberte tanto quanto a Berma serão apenas suportes de comédia.

7
A Vocação

Minha mãe não parecia muito satisfeita que meu pai já não pensasse na "carreira" para meu futuro. E, creio que, como a preocupava antes de tudo que eu tivesse uma regra de vida para disciplinar os caprichos de meus nervos, o que lamentava era menos o ver-me renunciar à diplomacia do que dedicar-me à literatura. "Ora, deixa-o, disse meu pai, o essencial é fazer as coisas com gosto. Não é mais uma criança. Já sabe o que lhe agrada; é pouco provável que mude, e pode reconhecer o que há de trazer-lhe felicidade nesta vida". Enquanto decidia, graças à liberdade que me davam as palavras de meu pai, se eu ia ser feliz ou não nesta vida, o fato é que logo aquelas palavras paternais me causaram muito pesar. Até então, a cada vez que meu pai tivera para comigo um de seus imprevistos assomos de bondade, vinham-me tais desejos de beijar-lhe, acima das barbas, as coradas faces, e, se não chegava a fazê-lo, era só por temor de que não lhe agradasse[1].

 A mãe do herói sabe que seu filho tem necessidade de regras, mas o pai invoca o prazer necessário no trabalho. Curiosa in-

---
1. *À Sombra das Raparigas em Flor*, p. 78.

versão dos papéis dados pela sociedade aos pais que atribuiriam facilmente a ordem ao pai e a obediência ao desejo à mãe.

O narrador reflete provavelmente mais o que achamos em nossa cultura do que a publicidade quer nos fazer acreditar na ocasião das festas das mães ou dos pais. Mesmo Freud sustentava que a mulher é muito mais ligada ao supereu (superego) do que o homem, o que constatamos todos os dias nos menores contatos com uma mulher, responsável por um setor em qualquer administração.

Não é a primeira vez que o herói se admira da atitude de seu pai. No episódio do beijo da noite, o pai todo manso tinha deixado a mãe dormir no quarto do filho contrariamente ao que temiam a mãe e a criança. O pai tanto quanto Norpois que o substituía no espírito do herói no episódio anterior, suscita a mesma vontade de beijar a velha mão branca de um, "acima das barbas, as coradas faces", do outro mostrando uma criança muito sensível às bondades ou as gentilezas de seus interlocutores.

O narrador toca de novo em problemas de crítica literária: a separação entre o escritor e o autor e, em consequência, o caminho que o herói seguirá na vida:

> Mas, agora, assim como um autor se assusta ao ver que suas próprias fantasias, que não considerava de grande valor porque não as separava de si mesmo, obrigam um editor a escolher determinado papel, caracteres talvez mais belos do que merecem indagava eu comigo se meu desejo de escrever seria realmente tão importante que valesse a pena que meu pai desperdiçasse com ele tanta bondade. Mas sobretudo ao falar ele na imutabilidade de meus pendores e nas coisas que me traria felicidade insinuou em minha alma duas suspeitas terrivelmente dolorosas. A primeira era que (quando eu me considerava todos os dias no umbral de minha vida ainda intata e que só começaria no dia seguinte) na realidade a minha existência já havia começado, e, ainda mais, o que ocorreria depois não seria muito diferente do que ocorrera até então. A segunda suspeita, que na verdade constituía outra forma da primeira, era que eu não estava situado fora das contingências do tempo, mas submetido à suas leis, tal como aquelas personagens de ro-

A VOCAÇÃO

mance que, exatamente por isso, me inspirava tamanha tristeza quando lia suas vidas na minha cadeira de vime em Combray[2].

Qualificar seu romance com desvaneios parece um pouco deslocado, salvo se o narrador finge ignorar o número de cadernos de escritura que precisou para construir *Em Busca do Tempo Perdido*. Será que ele quer que o leitor confunda o escritor com o autor, nos deixando acreditar na espontaneidade da fonte da escritura?

No entanto, ele acertou quando fundamenta a atividade do escritor sobre o desejo de escrever que reflete uma vontade firme de redigir um romance aliada a um gosto "que não mudará mais" bem diferente de uma veleidade passageira. Será que podemos falar de uma pulsão de escrever que possuiriam os escritores e que os distinguiriam dos não escritores?[3]

Ademais, devemos distinguir a pulsão do desejo de escrever? O desejo de escrever não é um simples rebento do desejo amarrado à alucinação fundamental, que dá as coordenadas essenciais do prazer vivido outrora sob o modo do arrependimento, e sem o que "nenhum mundo da percepção chega a ordenar-se de maneira válida?[4] Vejam a discussão em nota de rodapé[5].

---

2. *Idem*, p. 79.
3. Lacan não fala explicitamente da pulsão de escrever, mas Juranville a deduz a partir do artigo "Lituraterre" de Lacan, *Littérature*, Paris, Larousse, 1971. 3, p. 3. "O movimento que traça a letra é pulsional! Lacan diz assim que o literal, o que tem a ver com a letra é o litoral. Beira da falha no saber enquanto a letra vem cercar a falha no saber que implica a ideia de inconsciente" (Juranville, *Lacan et la philosophie*, Paris, PUF, 1984, p. 284). O objeto da pulsão, aquele que dá prazer como o seio ou o pé da amante, o diamante ou o carro, o queijo ou o vinho, será um engodo necessário (*Idem*, p. 175). "Na escritura, será a palavra justa, uma aproximação brilhante, uma palavra chamando outra, uma letra, o preenchimento de um branco etc." (Willemart, *Universo da Criação Literária*, São Paulo, Edusp, 1993, p. 87).
4. Lacan, *O Seminário. Livro 7. A Ética da Psicanálise*, São Paulo, Zahar, 1995, p. 69
5. "A pulsão de escrever recobre portanto um fenômeno complexo que exige a incursão no Outro ou no Terceiro. Lacan descreve o inconsciente como um conjunto formado pelos campos das pulsões e do Outro separados por uma lâmina – a libido freudiana – significando o desejo e que age em ambos os campos. O desejo não se reduz portanto a um passado petrificado, enterrado na infância e limitado às relações com a mãe. Atinge os inúmeros sucessores dessa que marca

A fixação no gosto assusta, entretanto, o herói. Ele se vê submetido não apenas a uma tendência, pouco importa que seja inata ou adquirida, revelada por suas ações e que o pai confirma, mas também ao tempo inexorável tanto quanto as personagens de romance das quais faz parte sem se dar conta.

Esta tomada de consciência não delimita a adolescência a seu estágio quase adulto? Não quer dizer que muitas portas já estejam fechadas, mas a abertura a todos os desejos que a infância e a adolescência achavam ainda possíveis de viver se faz mais estreita e obriga o herói a eliminar alguns desejos e a se concentrar em outros. Ele se tornará escritor necessariamente e não pode

o sujeito e sua história. Restringir o inconsciente às relações que existiram ou que teriam existido ou haveriam de existir entre os três integrantes do Édipo, caracteriza um ponto de vista freudiano que deve ser transposto. Essa ótica não desprovida de sentido na cura psicanalítica, demonstrara-se muito limitada para a literatura. Uma leitura psicanalítica do manuscrito consistiria em levantar os diferentes terceiros que constroem visivelmente a escritura e que estabelecem um vinculo entre a cultura do escritor e seu texto. Seria um estudo das fontes vista de um outro ponto de vista, que não consideraria mais uma relação de causa a efeito entre, por exemplo, *A Bíblia* para *Herodías* e a escritura do conto, nem as incidências biográficas na escritura. [...] A teoria do significante de Lacan permite assim apontar a intervenção do Outro a cada suspense ou reticência da escritura. Cada vez que o escritor para de sujar seu papel. ou que ele o suja um pouco mais pela rasura, um silêncio se faz, um espaço branco aparece, o sentido é suspenso, o significante reina imperial na sua materialidade, o tempo ele-mesmo torna-se eterno, é o *détirement* (*intentio*) como o demonstrou Paul Ricoeur para Agostinho de Hipona; o escritor parecido à Pitonisa, espera a intervenção ou a inspiração do Terceiro" (Willemart, *Universo da Criação Literária*, p. 91). Segundo Grésillon: "A teoria literária levantou há tempo o interesse de noções como 'falha', 'buraco', 'não-dito', 'blanco', 'Leerstelle' (o lugar vazio da Escola de Constância), sublinhando que o silêncio é o lugar privilegiado por onde o sentido advém" (Almuth Grésillon, "Les silences du manuscrit", II° *Encontro de Edição Crítica e Crítica Genética*, São Paulo, FFLCH-USP, 1990, p. 89).

"Entretanto, se o desejo usando o suspense da escrita reenvia continuamente a pulsão ao campo do Outro, como entender a articulação do desejo com o desejo de escrever que provoca a atividade específica do escritor. Talvez não devamos falar de desejo de escrever e limitar-nos à pulsão de escrever e à atividade sublimatória que decorre dela, a escritura. As formas artísticas embora resultantes de pulsões diferentes, estão ligadas ao mesmo desejo e desembocam sobre uma relação idêntica ao objeto erguido "à dignidade da Coisa" como Lacan sustenta. Por isso, defendemos a existência de um primeiro texto suscitado pelo desejo e próprio a cada obra (Willemart, *op. cit.*, pp. 71-72). Ver a segunda parte sobre a roda da escritura.

mais não escrever, contrariamente ao comum dos mortais que podem escrever ou não[6].

Entretanto, ele conserva sua liberdade segundo Descombes: "O homem que se concebe como um sujeito se quer disciplinado por um motivo impessoal. Aceita ser subordinado a uma lei racional que o obriga a viver honestamente com seus semelhantes"[7]. Da mesma maneira, o escritor será autor na medida em que ele saberá se submeter a seu estilo que encarna esta razão impessoal. Esta comporta regras livremente aceitas, as leis do bem escrever, as de um trabalho árduo, da perseverança, da vontade de descobrir ou de descrever novas coisas, sua submissão crítica à tradição e à linguagem etc.

O herói não é o único em ter uma vocação determinada. Provavelmente, devemos ler a descrição das aspirações e do talento de Françoise como um signo do que será a vocação do herói que as vezes a toma explicitamente como modelo na sua maneira de escrever.

Norpois a chamou de "mestre-cozinheiro de primeira ordem". [...] Françoise recebeu as felicitações do sr. de Norpois com essa soberba singeleza e esse olhar alegre e embora não que por um instante – inteligente de um artista quando lhe falam de sua arte. [...] E naquela noite, quando ouvi Françoise qualificar de frege-moscas os mais famosos restaurantes, senti o mesmo prazer de quando souber, de outra feito, que a hierarquia do mérito dos atores não era a mesma que a hierarquia de sua reputação. [...] Mas vejamos, como se explica que você saiba fazer a geleia melhor do que ninguém, quando quer?, perguntou-lhe minha mãe – Não sei como me decorre isso, respondeu Françoise – (que não estabelecia demarcação bem nítida entre os verbos ocorrer, ao menos em certas acepções, e decorrer). Aliás, em parte dizia a verdade, e não se sentia muito mais capaz, ou desejosa, de desvendar o mistério que fazia a superioridade de suas geleias ou de seus cremes do que uma elegante como referência aos seus vestidos, ou a uma grande cantora com

---

6. Invoco a reformulação das categorias de Aristóteles por Lacan no primeiro capítulo do *Seminário 19*: à necessidade se opõe o possível e não o impossível.
7. Vincent Descombes, *Le complément du sujet*, Paris, Gallimard, 2004, p. 334.

referência ao seu canto. Suas explicações não nos dizem grande coisa; o mesmo acontecia com as receitas de nossa cozinheira[8].

Desvendar os segredos de sua arte parece difícil para a própria artista que somente pode mostrar o que faz e ignora muitas vezes o como e o por quê de sua arte, mesmo se, como Françoise, tenta responder dizendo coisas banais acreditando satisfazer seu interlocutor falando de cozimento, mas sem se incomodar, pelo contrário, em criticar os chefes famosos e valorizar o Café Inglês no qual ela trabalhou.

O narrador será mais explícito do que Françoise que não tinha manifestadamente pensado a sua arte? *O Tempo Redescoberto* dará algumas respostas que poderão esclarecer o leitor. Enquanto isso, o geneticista poderá aproximar-se do mistério da criação e descrevê-lo pelo estudo dos manuscritos, mas não poderá jamais dizer o por quê que só pertence ao artista. A crítica imprimirá sua lógica à leitura e não recuperará necessariamente a do artista como sabemos.

Mas o herói não espera o último volume para falar da criação. O dia do ano novo, enquanto Françoise compra "para suas boas-festas retratos de Pio IX e de Raspail", o herói compra uma da Berma.

Tantas admirações provocava a artista que parecia pobre aquele rosto único que tinha para corresponder a todas, precário e imutável como a vestimenta dessas pessoas que não têm traje de muda, aquele rosto em que tinha que exibir sempre o mesmo: uma ruguinha em cima do lábio superior, umas sobrancelhas arqueadas, e algumas particularidades físicas que estavam sujeitas a algum golpe ou queimadura. Quanto ao resto, aquele rosto não me teria parecido bonito em si mesmo; mas inspirava-me a ideia e dava-me o desejo de beijá-lo por causa de todos os beijos que já tinha recebido: aqueles beijos que parecia ainda solicitando do fundo do cartão de álbum, com o olhar de carinhosa faceirice e o sorriso de ingênua artifício[9].

---

8. *À Sombra das Raparigas em Flor*, p. 82.
9. *Idem*, pp. 84-85.

O contraste entre o rosto e o que ele transmite, entre a atriz e seus numerosos admiradores, ilustra e enriquece o conceito de fantasma em psicanálise. Enquanto o fantasma se define como sendo uma espécie de biombo que colocamos entre nós e os outros, ou ainda, como o "que assegura singularidade de uma pessoa e constitui a estrutura do que se chama individuo"[10], o narrador acrescenta uma dimensão que desenvolverá mais tarde ilustrando o ciúme do herói para com Albertine.

O rosto da atriz comparado ao mesmo vestido colocado em qualquer circunstância não suscita no herói a vontade de abraçá-la, a não ser para compartilhar o entusiasmo de seus admiradores. A vontade do herói passa por outros admiradores. É como se essa vontade exigisse um desvio por outros para atingir o rosto da Berma. A relação não é direta. O herói precisa dos pequenos outros que cercam a atriz, para enriquecer o rosto julgado comum que desemboca no ato de abraçar virtual. Reencontramos a mesma inclinação em *A Prisioneira* quando o herói invejava o prazer que Albertine teria com seus ou suas amantes.

O rosto suscitará outras reflexões mais tarde a partir dos da avó, Raquel e Albertine em *O Caminho de Guermantes*[11], mas será sempre sob a forma de um primeiro impedimento para ver as personagens na sua realidade, a avó forte e amanda que esconde sua idade e sua fragilidade para não dizer sua decrepitude, Rachel, a prostituta judia sob as aparências de amante de Saint-Loup ou Albertine, a lésbica de Balbec sob a máscara de uma amante. Espécie de *leitmotiv*, o rosto descoberto revela assim um pouco mais as personagens na sua vocação, ou melhor, as suas tendências e os seus gostos.

A estreita ligação da atriz com sua personagem confunde os admiradores que tomam facilmente a segunda pela primeira, até porque a atriz não faz nada para dissuadi-los:

Porque a Berma devia sentir na verdade para com muitos moços os desejos que confessava sob o disfarce da personagem de Fedra, desejo

10. Serge Leclaire, *Démasquer le réel*, Paris, Seuil, 1971, p. 35.
11. Philippe Willemart, *A Educação Sentimental em Proust*, Cotia (SP), Ateliê Editorial, 2002, p. 51.

que lhe será muito fácil satisfazer por tudo, até pelo prestígio de seu nome que lhe realçava a beleza e prolongava a juventude[12].

Se a Berma era tão admirada, pensa o narrador, é porque ela deslocava a paixão de Fedra não porque representava a personagem, mas porque vivia seu desejo para com os admiradores. Ela inverteria os papéis e ao lugar de encarnar a personagem Fedra, é o que se esperava de uma atriz, ela usa sua personagem para dizer sua paixão; de lá, viria seu sucesso. As palavras de Racine ou o discurso de Fedra são os porta-vozes de sua paixão e não da de Fedra para Hipólito. A colagem de sua paixão com a de Fedra ou seu "realismo" explicaria os efeitos de seu jogo. Estamos longe de Craig que pedia aos atores para imitar as marionetes e desaparecer atrás de sua personagem[13], ou de Stanislavski que exigia de seus atores a assimilação do modelo que representava a personagem[14].

Mas não é fácil. Numa entrevista, o jornalista pergunta a um ator famoso na presença de sua mulher:

Sua mulher não tem ciúme das atrizes que você abraça apaixonadamente? – Ela não pode, é somente uma personagem que beija outra personagem e não sou eu que abraça uma mulher.

Pode acreditar na separação radical entre o ator e sua personagem, entre o desejo da personagem excitada por um beijo e o ator que não quer saber? Não é exigir demais da Berma a dissociação de seus desejos e os da personagem?

A confusão entre o suporte e o que ele representa não mostra a face negativa de uma vocação mal vivida. Do mesmo modo, como isolar as homenagens para a obra de um autor do escritor do mesmo nome?

Denunciando uma certa mentira na interpretação da Berma, ou um talento que não é desprovido de uma forte ligação com

---

12. *À Sombra das Raparigas em Flor*, p. 85.
13. Craig, *De l'Art du Théâtre*, p. 45.
14. Constantin Stanislavski, *La formation de l'acteur*, Paris, Pygmalion, 1986, p. 32.

sua vida pessoal, ou ainda, uma vocação que tem uma forte base na psique da atriz, o narrador parece aproximar a relação do herói com a atriz da que tem com Gilberte que repetiria ela também o mesmo sentimento apesar do ano novo:

> Ia caindo a tarde, parei diante de um cartaz que anunciava a representação que daria a Berma no primeiro dia do ano. Corria um vento suave e úmido. Aquele tempo me era bastante conhecido; tive a sensação e o pressentimento de que aquele dia do Ano Novo não era diferente dos demais, não era o primeiro dia do mundo novo em que eu poderia, tentando a minha sorte, ainda não explorada, refazer minha amizade com Gilberte como no tempo da Criação, como se ainda não existisse o passado, como se tivesse sido reduzidas a nada todas as decepções que por vezes me causava Gilberte e os indícios que delas se pudessem inferir para o futuro... um novo mundo em que não subsistisse nada do antigo nada... a não ser uma coisa: que Gilberte me amasse. Compreendi que se meu coração ansiava que em torno dele se renovasse aquele universo que não o satisfizera, era porque ele, meu coração, não havia mudado, e pensei que tampouco havia motivo para que tivesse mudado o de Gilberte, que aquela amizade era a mesma de antes, como acontece com os novos anos, que não estão separados dos outros como um fosso, e que o nosso desejo, impotente para chegar até as suas entranhas e modificá-los, os reveste, sem que eles o saibam, de um nome diferente[15].

O herói desejaria voltar atrás na sua relação com Gilberte ou anular o passado, mas ele subentende que gostaria de fazer a mesma coisa em relação a sua vocação. Ele não gostou da palavra do pai que fixava seu destino qualquer coisa que fizesse.

No entanto, o narrador constata que, por mais que a linguagem mude com o Ano Novo, nem nossas disposições nem a vocação nem o talento seriam transformadas por isso. O herói se sente incrustado num tempo imutável que não se modifica com o Ano Novo, apesar de seu desejo. Isto queria dizer que no nível das paixões e do amor em particular, e mesmo no nível da vocação de cada um, não temos nada do que esperar do tempo

---

15. *À Sombra das Raparigas em Flor*, p. 85.

que passa? A relação apaixonada e sua vocação estariam determinadas desde o primeiro instante de sua aparição? A vocação e o amor à primeira vista fariam parte da mesma categoria no sentido que seriam a resposta de nosso ser a um contexto particular? Uma vez em nosso ser, a vocação e este amor trabalham o nosso ser, o integram e dificilmente são abandonados.

O narrador insiste em seguida na decalagem entre a realidade do ano novo e a linguagem que tenta lhe dar outra significação, como se tivesse dois níveis paralelos que não se tocam ou uma ignorância comum do outro:

> De nada servia que eu dedicasse aquele que começava e, como se superpõe uma religião às leis cegas da natureza, tentasse imprimir ao primeiro dia do ano a ideia particular que formava a seu respeito: tudo em vão; senti que ele não sabia que o chamávamos o dia do Ano Novo, que ele expirava no ocaso de um modo que não era novo para mim; no vento suave que soprava em torno do mostrador, vi reaparecer a matéria eterna e comum, a unidade familiar, o inconsciente fluir dos dias de sempre[16].

O calendário não mudará nada os sentimentos assimilados às leis cegas da natureza provando uma vez mais que o herói sofre sua paixão e sua vocação e não as dominam. Por mais que o homem tente reduzir estas forças as colocando entre datas e num simbólico, "o inconsciente fluir dos dias de sempre" continua sem se preocupar com isso. Mesmo se, às vezes, a humanidade se dá a impressão de poder dominar o tempo e de fazer coincidir, "o inconsciente fluir" e o tempo do relógio, ela é obrigada a não ficar muito tempo na ilusão e prosseguir no seu percurso. Na região de Metz, quando morria um dos seus, "suspendia o tempo. Paravam os relógios, os pêndulos, os despertadores, os relógios". No entanto, devia "os colocar em funcionamento na volta do cemitério"[17].

Devo concluir este capítulo colocando no mesmo patamar a vocação do herói e de Françoise que tanto quanto o talento da

---

16. Idem, pp. 85-86.
17. Quignard, La Barque Silencieuse, Paris, Seuil, 2009, p. 175.

Berma são suportados nem sem sofrimento no sentido que eles obrigam o portador a seguir, embora tentando ser plenamente livre. Descombes fala da possibilidade

[...] de adquirir o poder de se dirigir se mesmo – isto é, de fato, o poder instituindo *ele-mesmo* – se exercitando em se dirigir se mesmo. [...]. Uma tal aquisição só pode consistir em participar (na primeira pessoa) a uma potência normativa que deva já ser presente (sob a forma das instituições de uma forma de vida social) para que um indivíduo possa se apropriar uma parte[18].

A vocação que exige tendências que se tornam com o tempo leis a seguir que o herói tanto quanto Françoise ignoram. Estas leis não se revelam na Berma que, pelo contrário, aproveita de sua arte em vez de se submeter a ela a ponto de confundir Hipólito com seus admiradores. Os desejos de amor parecem se opor ao da vocação. Apesar do desejo de renovação suscitado pelo Ano Novo, o herói se dá conta da mudança benigna no seu amor por Gilberte que recorta "o inconsciente fluir dos dias de sempre" quando tudo se repete. O que isto tem a ver com a vocação? O herói vai imitar a Berma que teria renunciado a sua arte pela paixão ou terá bastante coragem para ultrapassar seu amor por Gilberte e seguir sua vocação? A paixão faz parte da "matéria eterna e comum" e não do novo ligado à arte e à escritura. A posição da mãe do herói é totalmente ignorada a favor da do pai.

---

18. Descombes, *op. cit.*, p. 22.

8
Uma Superfície Invisível

Continuei a ir aos Campos Elísios nos dias de bom tempo. [...] Achava com mais estilo e julgaria de mais antiguidade, se não o Palácio da Industria[1], pelo menos o Trocadero[2]. Mergulhada num sono agitado, minha adolescência envolvia num mesmo sonho todo o bairro por onde eu costumava passear, e nunca me ocorreu que pudesse haver um edifício do século XVIII na rua, da mesma forma que me teria assombrado saber que a Porta Saint-Martin e a Porta Saint-Denis, obras-primas do tempo de Luís XIV, não eram contemporâneas dos mais recentes imóveis daqueles sórdidos distritos. Uma única vez um dos palácios de Gabriel[3] me fez parar longamente; é que tendo anoitecido,

---

1. O Palácio da Indústria e das Belas-artes, obra do arquiteto Victor Viel e do engenheiro Alexis Barrault é um edifício construído para a exposição universal de 1855 nos Campos Elísios em Paris. <http://fr. wikipedia. org/wiki/Palais_ de_l%27Industrie>.
2. O Palácio do Trocadero foi construído para a Exposição Universeal de 1878 e substituído pelo atual Palais de Chaillot para a Exposição Universal de 1937. <http://fr. wikipedia. org/wiki/Trocad%C3%A9ro>.
3. Concebida para valorizar uma estátua equestre de Luis XV que lhe havia sido ofertada pelos vereadores de Paris, os planos da Place de Concorde foram con-

as suas colunas, desmaterializadas pelo luar, pareciam recortadas em papelão, e lembrando-me um cenário da opereta *Orfeu nos Infernos*[4], me dava pela primeira vez a impressão de beleza[5].

Embora o narrador distinga o sono do sonho do herói, a realidade histórica e a arte, o herói-adolescente perambula "mergulhado num sono agitado", como se o estado de vigília não se afastasse do sono e do sonho quando as categorias de tempo e de espaço kantianas não enquadrem os acontecimentos oníricos. Seus passeios se desenrolavam como se as épocas e os estilos da Praça da Concorde e das Portas Saint-Martin e Saint-Denis decorressem desta "matéria eterna e comum, a unidade familiar, o inconsciente fluir dos dias de sempre"[6] ou como se, contrariamente à realidade histórica, o Trocadero fosse mais antigo do que o Palácio da Indústria.

A mistura das épocas é habitual no sonho, mas não poderia decorrer da falta de informações do herói, ou melhor dito ainda, de sua falta de inserção no simbólico da cultura? Se não fosse uma personagem de ficção, diria que seu *je* ainda não emergiu do simbólico no qual ele e sua comunidade estão mergulhados. Somente um dos palácios de Gabriel lhe toca porque lembra uma opereta que lhe permite assim emergir de um estado de indistinção. A arte opera a transformação.

Não é o que acontece quando vivemos numa cidade "desde sempre" e que temos dificuldade para distinguir os monumen-

---

fiados ao arquiteto Jacques Ange Gabriel. [...] No quarto lado, ela dá sobre a rue Royale, com belas fachadas regulares (devidas também a Gabriel), construída em 1758, que é hoje uma das artérias do luxo parisiense. Dos dois lados encontram-se dois grandes palácios gêmeos (1760-1775), belos exemplos de estilo Luis XV, igualmente de Gabriel. Noventa e seis metros de comprimento e trinta e cinco de altura, eles comportam uma bela coluna inspirara na famosa coluna de Claude Perrault no Louvre. <http://O. paris-photo-guide. com/html/monuments/place-concorde2. html>.

4. *Orfeu nos Infernos* é na origem uma opera-bouffe em dois atos e quatro quadros de Hector Crémieux e Ludovic Halévy, com uma música de Jacques Offenbach criado no teatro das Bouffes-Parisiennes, o 21 de outubro de 1858.

5. *À Sombra das Raparigas em Flor*, p. 87.

6. *Idem*, p. 86.

tos, as avenidas e os próprios edifícios, porque somos ao mesmo tempo tomados pelo hábito, ou porque as transformações contínuas nos tornam insensíveis às diferenças como se o tempo não passasse ou passasse rápido demais? Lembremos a própria comparação do narrador com o pião do qual só podemos ver os desenhos que se ele diminui seu ritmo:

> [se] os nomes perderam todo o colorido, como um pião prismático que gira demasiado depressa e se nos afigura cinzento, em compensação quando, num devaneio, refletimos, procuramos, para voltar ao passado, moderar, suspender o movimento perpétuo a que somos arrastados, pouco a pouco vemos de novo aparecerem, justapostos, mas inteiramente diversos uns dos outros os matizes que no curso de nossa existência sucessivamente nos apresentou um mesmo nome[7].

Contrariamente aos engarrafamentos que permitem admirar uma casa, os passantes e os monumentos, o tráfego fluído nos faz confundir casa, passantes e monumentos ou os tornam invisíveis. Assim é o herói nos seus passeios; seu pensamento circula fora do espaço e com outra velocidade do que a do passeio e o impede de olhar.

Por outro lado, é curioso que o herói reaja como Swann, que via Odette apenas através da *Séfora* de Botticelli. A beleza da realidade é sentida por Swann e o herói somente através da arte; eles não podiam se limitar ao pescoço de Odette ou às colunas do palácio de Gabriel; deviam medir a beleza no peso de uma arte, a pintura para Swann e os cenários de uma opereta para o herói. Swann é certamente o irmão mais velho do herói como observava Jean Rousset.

No entanto, Gilberte continuava ausente dos Campos Elísios. E eu tinha grande necessidade de vê-la, pois nem ao menos me lembrava de seu rosto. O modo inquisitivo, ansioso, exigente com que olhamos para a pessoa amada, nossa expectativa da palavra que nos vai dar ou tirar a esperança de um encontro para o dia seguinte, e, até que essa

---

7. *O Caminho de Guermantes*, p. 17.

palavra seja dita, a nossa imaginação alternada, se não simultânea, da alegria e do desespero, tudo isso torna a nossa atenção em face do ente querido muito trêmula para que se possa obter uma imagem sua devidamente nítida. E talvez também essa atividade de todos os sentidos ao mesmo tempo e que tenta conhecer apenas com o olhar o que se acha além dele, se mostre demasiado indulgente ante as mil formas, sabores e movimentos da pessoa viva, que habitualmente imobilizamos quando não nos achamos em estado de amor[8].

No parágrafo anterior, os monumentos saíam de sua imobilidade se o transeunte os animasse pela história e observasse suas qualidades. O mesmo procedimento trabalha as relações amorosas segundo o narrador. Não amar significa ter do outro a imagem de um rosto fixo, embora muito rico já que os gestos e os odores da pessoa odiada são retidas no retrato, enquanto o ser amado dá uma imagem tão mutante que "tem somente fotos mal focalizadas".

Esta declaração do narrador abre uma perspectiva estética admirável sobre a recepção das obras de arte e das relações amorosas. Não amar um outro ou não admirar uma obra supõe que as petrificamos no quadro pouco suscetível de mudança para não dizer imóvel ou ainda que as paramos no tempo. Em outras palavras, a vitalidade de um relação com uma obra não se mede no primeiro impacto ou ao amor a primeira vista, mas à maneira de fazer espelhar a obra ou de diminuir sua velocidade como o pião, o que permite sentir, escutar e ver suas mil facetas ou rostos.

Assistir à representação de uma peça de teatro uma só vez, escutar uma melodia por acaso, ver um quadro entre mil outros num museu, não bastam se quisermos apreciar a obra. Contemplar, parar, se deixar levar, tomar o tempo necessário, são exigências da obra de arte. A crítica rápida que encontramos frequentemente nos jornais não convém.

Assim também são as relações amorosas que supõem mil revoluções ao redor do objeto amado como quer a psicologia no

8. *À Sombra das Raparigas em Flor*, p. 88.

espaço[9], para entender todos os recantos escondidos e desconhecidos tanto do corpo quanto da mente.

Eu, na verdade, não sabia mais como eram as feições de Gilberte, salvo nos momentos divinos em que elas se abriam para mim; só me lembrava de seu sorriso. E como não podia ver, por mais esforços que fizesse para recordá-lo, aquele rosto querido, irritava-me ao encontrar na memória, com definitiva exatidão, as caras inúteis e incisivas do homem do carrossel e da vendedora de pirulitos, como acontece com essas pessoas que perderam um ente querido e conseguem vê-lo em sonhos, exasperam-se por encontrar continuamente em seus sonhos tantas criaturas insuportáveis a quem já é demais ter visto em estado de vigília. Na impotência de figurar o objeto da sua dor, quase, se acusam de não sentir mais dor. E eu não estava longe de acreditar que, como não podia recordar as feições de Gilberte, esquecera-a também e não mais a amava[10].

O herói lembra o sorriso de Gilberte, contrariamente aos rostos de outras pessoas insignificantes ou secundárias que lhe aparecem claramente na memória. Por que um detalhe no ser amado e o rosto inteiro com os outros ou por que o tempo apaga os traços do amado e não os de outros insuportáveis? São questões as quais o narrador não toca, mas às quais podemos tentar responder.

O narrador sublinha um traço comum ao sonho e à memória: a independência do suporte; não dominamos nem um nem outro. No entanto, o sonho não é a memória. Ele mostra raramente personagens inteiras a ponto que quem sonha deve supor ou adivinhar o que representa tal mecha de cabelo, tal nariz etc. A memória não é confusa e parece mais evidente quanto à identificação, mas ela evidencia certos traços e não outros.

Em outras palavras, não controlamos sua hierarquia. O sorriso pertence ao rosto, mas aparece em *close-up* ao herói a ponto de esconder o fundo do qual ele está se destacando e que, por

---

9. *O Tempo Redescoberto*, p. 386 e Willemart, *Proust, Poeta e Psicanalista*, Cotia (SP), Ateliê Editorial, 2000, p. 191.
10. *À Sombra das Raparigas em Flor*, pp. 88-89.

outro lado, não são frequentemente os seres amados como os conhecemos que surgem nos sonhos ou na memória. As lembranças estão aí, mas uns veem na frente e tapam outros. Por que o sorriso esconde o resto do rosto enquanto o rosto inteiro de outras personagens insignificantes para o herói aparece?

Antecipamos a resposta com a leitura de um trecho posterior e esclarecedor:

> Quando ela estava assim, quando um sorriso não lhe acendia os olhos nem lhe abria o rosto, impossível dizer de que desoladora monotonia eram impregnados seus olhos tristes e suas feições amuadas. Sua face, quase feia, assemelha-se então a essas praias tediosas, onde o mar, afastado para muito longe, nos fatiga com um reflexo sempre igual a que cerca um horizonte imutável e limitado[11].

O sorriso não está no lugar habitual, na boca, mas nos olhos dos quais decorre seu poder por mostrar um rosto diferente do habitual. Sem o sorriso, o rosto de Gilberte surgia monótono e fastidioso como as personagens não benvindas à memória ou ao sonho.

O sorriso dos olhos é uma invenção do narrador? Não, já que o reencontramos em Zola de 1886 quando

> Christine é descrita assim: O alto do rosto era de uma grande bondade, de uma grande doçura, a testa límpida, unido como um espelho claro, o nariz pequeno, com finas alas nervosas; e sentia o sorriso dos olhos sob as pálpebras, um sorriso que devia iluminar toda a face[12].

Se Proust retomou uma expressão de Zola, sabendo ou não, pouco importa, mas em que seu narrador inova?

O narrador zoliano procura descrever o rosto de Christine como vê o pintor Claude Lantier que a pegou como modelo por acaso. Ele a alojou por piedade ao vê-la sob a chuva na rua na noite anterior. Ele não vê "o sorriso dos olhos", mas o sente ou o

---

11. *Idem*, p. 198.
12. Emile Zola, *L'oeuvre*, Paris, G. Charpentier (Paris), 1886, pp. 13-14. Citado por Philippe Hamon, *Le personnel du Roman*, Genève, Droz, 1998, p. 170.

adivinha já que ela está dormindo. O narrador, pelo contrário, descreve uma mulher amada e introduz "o sorriso dos olhos" na memória e no sonho do herói. Uma zona comum de irrealidade une os dois narradores já que o sorriso é sentido por um lado, e sonhado ou lembrado do outro, mas o grau de irreal é muito mais forte no narrador proustiano e anuncia provavelmente suas inquietações sobre o sonho que Proust, após Nerval[13], indicava com sendo uma das fontes de sua escritura.

Retomando o texto, o sorriso caracterizaria Gilberte para o herói, mas está subordinado a um clima de ternura ao qual alude o narrador a respeito do rosto da avó em *O Caminho de Guermantes*:

> Jamais vemos os entes queridos a não ser no sistema animado, no movimento perpétuo de nossa incessante ternura, a qual, antes de deixar que cheguem até nós as imagens que nos apresentam sua face, arrebata-as no seu vórtice, lança-as sobre a ideia que fazemos deles desde sempre, fá-las aderir a ela, coincidir com ela[14].

O rosto de Gilberte não podia, portanto, chegar antes do sorriso "no movimento perpétuo de nossa incessante ternura" e como sua memória tinha esquecido este rosto, nada aconteceria.

Mais a lembrança volta rápido com as vindas de Gilberte aos Campos Elísios e com a ternura de novo valorizada.

> Afinal tornou a vir brincar quase todos os dias, pondo ante mim novas coisas que desejar, que lhe pedir, para o dia seguinte, e fazendo cada dia, nesse sentido, da minha ternura uma ternura nova[15].

A convivialidade com Gilberte acentua o desejo e faz reviver o amor.

---

13. "O sonho é uma seconda vida. Não soube ultrapassar sem tremer estas portas de marfim ou de chifre que nos separa do mundo invisível. Os primeiros instantes do sono são a imagem da morte" (Gérard Nerval, *Aurélia*, Paris, Gallimard, 1974, p. 359 [Pléiade]).
14. *O Caminho de Guermantes*, p. 154.
15. *À Sombra das Raparigas em Flor*, p. 89.

Mas uma coisa veio mudar uma vez mais, e bruscamente, o modo como se apresentava todas as tardes, pelas duas horas, o problema de meu amor. Descobria o sr. Swann a carta que eu havia escrito para a sua filha, ou Gilberte não fazia mais que me confessar muito tempo depois, a fim de que eu fosse mais prudente, um estado de coisas já antigo? Como eu lhe dissesse quanto admirava seus pais, tomou aquele ar vago, cheio de reticências e de segredo, de quando lhe falavam no que tinha para fazer, em seus passeios e visitas, e acabou dizendo: "Pois, não sabem? Eles não podem tragar você!" E fugidia como uma ondina – que assim era ela –, deu uma gargalhada. Muita vez o seu riso, em desacordo com as suas palavras, parecia, como faz a música, descrever em outro plano uma superfície invisível[16].

Destacamos duas coisas: a intervenção dos pais numa relação amorosa e a superfície invisível.

A superfície invisível subentende várias experiências: um pintor usa esta expressão para significar "o tempo da concepção, com todos os questionamentos implicados, seria mais importante do que a superfície visível"[17], o avião do qual pode fotografar a sombra no chão que constitui a parte invisível do filme, a supremacia do invisível preponderante em astronomia[18], "a análise matemática que torna muita vez visível o interior dos objetos invisíveis como o corpo, os rios, a terra"[19], os astros etc.

No entanto, diferentemente do que enuncia o narrador nos dois primeiros exemplos pelo menos, as duas superfícies se engendram e não são discordantes. Nos outros exemplos, pelo contrário, o olho constata sua inaptidão em entender os fenômenos e se deixa facilmente enganar, são as ilusões óticas, mas todas estas experiências sublinham a primeira importância da superfície invisível.

A defasagem proustiana entre a aparência e o invisível reencontra, portanto, as experiências citadas e manda entrar o leitor na esfera do dissimulado talvez da mentira ou do engano, ou

---

16. *Idem, ibidem.*
17. http://magnetjl. blogspot. com/2009/05/arbre-invisível-n2-etape-n1-a. html
18. http://O.univers2009.obspm.fr/fichiers/Grand-Public/lundi-6/Jean_Audouze.pdf
19. http://O. scribd. com/doc/3275176/les-mathematiques-de-todos-les-jours

ainda, no duplo discurso que decorre do inconsciente, outra superfície invisível, que o Freud do *Bloco Mágico* não denegaria já que o bloco superpõe várias superfícies como num palimpsesto[20].

Quanto à música, Lyotard sublinha a superposição das superfícies: "A obra pintada deve ser visível, a peça musical audível. Simplesmente o visível deixa entrever um invisível do visual, o audível subentende um inaudível do sonoro"[21].

O riso de Gilberte não é inaudível, pelo contrário, mas descreve uma superfície invisível que o narrador tenta ler retomando as conotações dos exemplos que precedem. Este riso significava, *grosso modo*, que "O sr. e a sra. Swann não pediam a Gilberte que deixasse de brincar comigo, mas prefeririam, pensava ela, que aquilo não tivesse começado"[22]. Por quê? Porque e resumindo o trecho seguinte, Swann classificava o herói na categoria de "rapazes pouco escrupulosos" e via nele "um impostor" e duvidava dos "nobres sentimentos" expressos na carta. O narrador-herói se pergunta então porque ele era assim recusado por Swann:

> Tinha a sensação de haver descrito tão exatamente certas indiscutíveis características de meus sentimentos de generosidade que, se depois disso tudo Swann não os havia sabido reconstituir em seguida e não tinha-me pedido perdão, confessando que se havia enganado, era porque ele nunca sentira esses nobres sentimentos, o que devia incapacitá-lo para os compreender nos outros. Ora, talvez simplesmente Swann soubesse que a generosidade muitas vezes não é senão o aspecto interior que tomam nossos sentimentos egoístas antes de havermos nomeado e classificado. Talvez tivesse reconhecido na simpatia que ele lhe expressava um simples efeito – e uma confirmação entusiástica – de meu amor a Gilberte, pelo qual – e não por minha veneração

---

20. Bedriomo, *Proust, Wagner et la coïncidence des arts*, Paris, éd. J-M. Place, 1984, p. 39.
21. Jean-François Lyotard, "Musique e postmodernité", *Surfaces*, vol. VI. 203 (v. 1. oF – 27/11/1996). <http://0.pum.umontreal.ca/revues/surfaces/vol6/lyotard.html>, p. 5.
22. *À Sombra das Raparigas em Flor*, p. 89.

secundária a ele – seriam fatalmente dirigido meus atos no futuro. Eu não podia partilhar das suas previsões, pois não conseguira abstrair de mim mesmo o meu amor, fazê-lo entrar na generalidade dos outros amores e suputar-lhe experimentalmente as consequências; estava desesperado[23].

O herói não parece mais conhecer Swann como na segunda parte do primeiro volume, o que indica que não é mais o narrador que fala, mas o herói ofendido que supõe três coisas plausíveis, um Swann pouco perspicaz porque pouco generoso, ou pelo contrário, um Swann psicólogo, conhecedor da verdadeira natureza dos sentimentos, ou um Swann, bastante bom pai de família para distinguir um verdadeiro amor para sua filha no herói.

Anotamos que essa leitura de Swann enquadra igualmente o herói que se define, portanto, só depois como pouco generoso ou egoísta, psicólogo ou amoroso. No momento, ele está perdidamente amoroso e apaixonado a ponto que não pode raciocinar, o que me faz concluir que duas vozes narrativas escalonadas no tempo se disputam a frase, a do herói perdido e a, não de um herói que reflete, mas do narrador que repensa a ação do herói. No entanto, a frase é tão bem arranjada que convence o leitor que tudo se passa no mesmo tempo e que a enunciação parte da mesma posição.

O fino psicólogo que é o narrador analisa as ações do homem que, aparentemente generosas, não seriam nada mais do que "nossos sentimentos egoístas antes de havermos nomeado e classificado".

Psicólogo, mas também moralista, o narrador retoma, sabendo ou não, seus antecessores como Descartes:

> Todos aqueles que têm uma boa opinião de si mesmo para qualquer outra causa, tal que possa ser, não tem uma verdadeira generosidade, mas apenas um orgulho que é sempre muito vicioso, ainda que ele seja tanto mais que a causa para a qual ele se valoriza é mais injusta; e

---

23. *Idem*, pp. 90-91.

a mais injusta de todas é quando é orgulho sem nenhuma causa, isto é, sem que se pense por isso que há em si nenhum mérito para o qual devemos ser amado, mas apenas porque não se consegue avaliar o mérito, e que, se imaginando que a glória não é outra coisa do que uma usurpação, acredita-se que os que se atribuem mais tem mais[24].

No artigo seguinte, o filósofo do Cogito define a fonte da verdadeira generosidade: "a vontade que sente em si mesmo de utilizar bem o seu livre-arbítrio".

Se Descartes vê na falsa generosidade um orgulho escondido, o narrador a vê como o avesso de sentimentos egoístas dos quais ainda não temos consciência. Em outras palavras, o homem os vive sem os ter introduzido no seu discurso, de onde seu erro e a tapeação. Freud não está muito longe...

---

24. René Descartes, "Les passions de l'âme", *Oeuvres et Lettres*, Paris, Gallimard, 1953, p. 770 (Pléiade).

9
O Herói Lutando com seu Corpo

Para as páginas seguintes que contam a luta erótica de Gilberte com o herói, reenviarei o leitor às contribuições entre outras de Jean-Pierre Richard e de Marie Miguet[1]. Somente lembrarei que o episódio da marquesa nos banheiros que segue a luta foi retomado em *O Caminho de Guermantes* quando o herói estava com a avó e não mais com Françoise[2].

No entanto, o herói continua brigando, mas desta vez com seu própria corpo:

> Os neuropatas são talvez, os que menos "se escutam": ouvem em si mesmos tantas coisas que logo depois compreendem não ser motivo de alarmes, que acabam por não prestar atenção a nenhuma. Tantas

---

1. Jean-Pierre Richard, *Proust e o monde sensible*, Paris, Seuil, 1974, p. 83 e Marie Miguet, "Étude génétique d'un passage de *A l'ombre des jeunes filles en fleur*", *Semen*, 11 | 1999, na web 3 de maio de 2007 e consultado 8 de janeiro de 2011. URL: http://semen.revues.org/2857.
2. *O Caminho de Guermantes*, pp. 605 e 1669 e Willemart, *A Educação Sentimental*, p. 99.

vezes o seu sistema nervoso lhe gritou: "Socorro!", como se fosse para uma grave doença, quando simplesmente ia nevar ou porque iam mudar de casa, que tomam o hábito de não levar em conta essas advertências, como sucede ao soldado que, no ardor do combate, tão pouco percebe que é capaz, já moribundo, de continuar levando ainda por alguns dias a vida de um homem de boa saúde[3].

O narrador usa uma palavra em uso indevido hoje para significar alguém que "sofre de uma doença dos nervos" ou que "sofre de uma doença psíquica" segundo o Wikipédia, o que é diferente, mas para muitos não especialistas, a doença dos nervos é uma doença psíquica. Os dicionários de psicanálise ou de psiquiatria consultados[4] não mencionam essa entrada nem o *Dictionnaire Étymologique* de Bloch e Wartbuch[5]. No entanto, "neuropata" ainda é usado hoje como na tradução das *Memórias* de Daniel Paul Schreber[6]. Os tradutores justificam o uso invocando Marie Bonaparte e Rudolf Loewenstein na tradução de um artigo de Freud falando da mesma obra em 1911. Proust não está, portanto, fora do contexto, mas alarga provavelmente o sentido que "evocava naquele tempo uma doença mental, a alienação"[7].

Neuropata significaria para ele um homem inconsciente do que acontece no seu corpo ou que não sabe escutar seus sintomas. Mais tarde, o narrador usa o mesmo adjetivo para qualificar o amigo do herói:

Bloch era uma rapaz mal educado, neurastênico [neuropata], esnobe e de família pouca estimada, de modo que suportava como no fundo do mar as incalculáveis pressões com que o incomodavam não

---

3. *À Sombra das Raparigas em Flor*, p. 94.
4. Elizabeth Roudinesco et Michel Plon, *Dictionnaire de la psychanalyse*, Paris, Fayard, 1997 e sob a direção de Roland Chemana e Bernard Vandermersch, *Dictionnaire de la psychanalyse*, Paris, Larousse, 1998.
5. Oscar Bloch et von Walther, *Dictionnaire étymologique de la langue française*. Paris, PUF, 1968.
6. Daniel Paul Schreber, *Mémoires d'un névropathe*, trad. Paul Duquenne e Nicole Sels, Paris, Seuil, 1975.
7. *Idem*. Nota dos tradutores sobre o título, p. 5.

só os cristãos de superfície, mas também as camadas superpostas de castas judaicas superiores à sua, cada uma das quais oprimia com todo seu desprezo a imediatamente inferior[8].

O narrador acaba de falar da cegueira na qual gostaríamos de manter os outros sobre nossos defeitos sem muito êxito. Neuropata deveria, portanto, reunir os semas de falta de clareza sobre si mesmo que impede a verdade de surgir quer entre o corpo e a ação, quer entre nosso caráter e os outros; é uma espécie de cisão do ser as vezes consciente, muitas vezes ignorada do indivíduo.

Para o herói, a divisão parece bastante clara, mas a recusa por ver seus malestares o apanha de surpresa e ele está obrigado em mascará-los para poder ir nos Campos Elísios:

Certa manhã, levando coordenados dentre de mim os meus males habituais, de cuja circulação constante e intestina eu mantinha sempre o meu espírito desviado assim como da circulação do meu sangue, corria alegremente à sala de jantar onde meus pais já estavam à mesa, e – depois de considerar que muitas vezes estar com frio não significava a necessidade de aquecer-se, mas, por exemplo, que se foi repreendido, e estar com fome, que vai chover e não se deva comer – eu me sentava à mesa quando, no momento de engolir uma apetitosa costeleta, uma náusea, uma tontura me detiveram, reposta febril de uma doença iniciada, cujos sintomas o gelo da minha indiferença havia mascarado e retardado, mas que recusava obstinadamente o alimento que eu não estava em condições de absorver[9].

A luta entre a corpo e o espírito não é nova no romance. Desde as primeiras linhas de *Combray*, o leitor se dá conta da defasagem entre o corpo que quer dormir e o pensamento que continua trabalhando como se nada fosse. Neste trecho, o narrador insiste mais nas relações afetivas já que o frio ressentido

---

8. *À Sombra das Raparigas em Flor*, p. 384. O tradutor brasileiro, Mario Quintana, preferiu o termo neurastênico, "afecção descrita pelo médico americano George Beard (1839-1883) que se refere mais ao cansaço físico de origem nervosa" (Laplanche Jean et Pontalis Jean-Baptiste, *Vocabulaire de la psychanalyse*, Paris, PUF, 1973, p. 265).
9. *À Sombra das Raparigas em Flor*, pp. 94-95.

poderia ser atribuído a um repreendimento dos pais, ou ainda ao ambiente, já que a falta de apetite anunciaria a chuva. Será que o narrador goza de seu herói ou mostra uma personagem em formação que encontra momentaneamente motivos disparatados para sua ação?

A resposta do Outro pode com efeito nos gelar além do frio ressentido. É a superfície invisível, aqui da afeição, que reaparece. A sensação de chuva pode cortar o apetite ou dominar um corpo esfomeado? Seria acentuar uma forte dependência do corpo ou sua inserção fusional no ambiente. De qualquer maneira, o espírito vencido numa primeira etapa, tenta retomar a situação em mão, mas para uma hora apenas, o tempo de fruir da presença de Gilberte:

> Então, no mesmo segundo, o pensamento de que não me impediriam de sair se descobrissem que estava doente deu-me, como instinto de conservação a um ferido, a força de arrastar-me até meu quarto, onde verifiquei que a minha temperatura estava a quarenta graus, e, em seguida de me preparar para ir aos Campos Elísios. Através de meu corpo langue e permeável que o envolvia, meu pensamento sorridente, anelava, exigia o prazer tão doce de uma corrida com Gilberte; e uma hora depois, mal podendo sustentar-me, mas feliz ao lado dela, eu tinha ainda forças para saborear este prazer. Na volta, Françoise declarou que eu tivera uma "indisposição", que deveria ter "apanhado ar", e o médico, chamado em seguida, declarou "preferir" a "severidade" do que a "virulência" da surto febril, que acompanhava minha congestão pulmonar e não passaria de "um fogo de palha", a formas mais "insidiosas" e "larvadas"[10].

O corpo conseguiu sufocar o gozo, a sensação e a vontade do herói; só lhe resta entregar-se nas mãos do médico que prefere um diagnóstico superficial temendo provavelmente assustar a avó.

Entretanto, o herói não pode dissimular seus sintomas, se quiser beber o que recomenda o médico e do que ele gosta, mas pelo contrário, assusta sua avó. Se houver coesão entre o corpo e o espírito, é um outro que o ama que está afetado:

---

10. *Idem*, p. 95.

Para que minha avó permitisse que me dessem bebida (cerveja, champanhe ou conhaque), muitas vezes me via obrigado a não dissimular, a quase ostentar o meu estado de sufocação. Aliás, logo que o sentia aproximar-se, sempre incerto das proporções que assumiria, aquilo me inquietava devido à tristeza de minha avó que eu receava muito mais do que o meu sofrimento[11].

O herói estava provavelmente preocupado, mas não podia se impedir de deixar tudo o que pensava:

> Mas ao mesmo tempo meu corpo, ou porque fosse muito fraco para guardar sozinho o segredo da dor, ou porque receasse que, na ignorância do mal iminente, exigissem de mim algum esforço que lhe fosse impossível ou perigoso, me impunha a necessidade de comunicar à minha avó as minhas indisposições com um exatidão em que eu acabava pondo uma espécie de escrúpulo fisiológico[12].

O corpo tem uma memória já que podia manter um segredo e uma vontade própria que embora bastante fraca empurra o outro – como o nomear?, o espírito? – a agir. Que nossos membros têm uma memória dos gestos, sabemos, mas que eles mantêm o segredo de uma doença, é possível, já que a doença se declara bem depois do início.

O narrador convida o leitor para uma sessão de sadismo ou quer dividir o sofrimento do herói? É o desejo de fazer sofrer o outro, ou a fusão com a avó é tão forte que ela sofre tanto quanto ele:

> Se percebia em mim algum sintoma desagradável que ainda não discernira, meu corpo sentia-se em desamparo enquanto eu não comunicava isso à minha avó. Se ela fingia não prestar nenhuma atenção, meu corpo pedia que insistisse. Às vezes eu ia demasiado longe; e o rosto amado, que já não tão senhor das suas emoções como outrora, deixava transparecer uma expressão de piedade, uma contração dolorosa. E meu coração torturava-se à vista da pena que ela senti; como

---

11. *Idem*, pp. 95-96.
12. *Idem*, p. 96.

se meus beijos pudessem apagar aquela pena, como se a minha ternura pudesse dar à minha avó tanta alegria como meu bem-estar, eu lançava-me em seus braços[13].

O diálogo entre o corpo físico, o corpo falante e o Outro é bastante curioso. Há, ao mesmo tempo, um desejo de torturar e apaziguar a avó pela ternura da parte da mesma instância, um agente duplo brincando com seu objeto de prazer e de dor; no entanto, o que parece ser uma relação sádica simples entre um sujeito e seu objeto é uma relação sádica multiplicada já que o espírito do herói é vítima ele mesmo de seu corpo que o força a falar, mas que vendo as consequências de sua palavra acredita poder contrariá-lo pela ternura. Instrumento do corpo ou mensageiro da dor, o espírito diplomata tenta minimizar os efeitos.

Qual é esta pulsão ou a força que obriga o herói a falar para aliviar "o corpo desemparado"? Não é o gozo que manifesta o desejo de viver sem sofrimento, inerente a todas nossas ações que empurra a palavra a se dizer para, pelo menos, aliviar o sintoma que, transformado em palavra ou inserido num discurso, deveria poder ser compartilhado e suportado melhor? Mas a avó, pouco preparada para aceitar a transferência, fica triste e endossa a dor.

A insistência do narrador nas oposições entre o corpo e o espírito, entre a compaixão e a obrigação de dizer, entre a palavra forçada e a ternura, ilustra a atmosfera medical do fim do século passado que se interrogava sobre a divisão do sujeito desenvolvida pelos discípulos de Charcot, entre outros pelo médico, terapeuta de Proust, Paul Sollier[14].

Em que a escritura de Proust se diferencia da teoria de Sollier? Há certamente relações entre o discurso literário e o discurso científico e, por outro lado, não podemos ignorar a erudição proustiana sobre estes fenômenos psíquicos ligados à terapia da época que ele conhecia por ter se submetido a ela e que seu

---

13. *Idem, ibidem.*
14. Edward Bizub, *Proust et le moi divisé*, Genève, Droz, 2006.

próprio pai, Adrien Proust, praticava como lembra Bizub. O romance proustiano se escreve seguramente neste movimento cultural de interesse à psique, já que o primeiro título teria sido *Romans de l'inconscient*[15], mas a escritura literária não traria algo a mais?

Constatamos que não se trata de um simples sujeito dividido, mas de um relação entre várias instâncias no mesmo sujeito e com um outro pela palavra, relação ilustrada por uma encenação entre a avó e o herói. Encenação que vai além de constatações empíricas e de sua teorização, seja de Janet ou de Sollier, e tem o talento de fazer sonhar o leitor, o que não acontece com Sollier nem com o comentário de Bizub nem com o meu. Estes últimos trabalham nossa inteligência e não a sensibilidade, faculdades que distinguiam Proust. Ele preferia nitidamente a segunda como afirma na carta para seu amigo Bibesco citada acima e que lembro:

> Se eu tomar a liberdade de raciocínio assim como sobre o meu livro, continua o Sr. Marcel Proust, é que ele não é de jeito nenhum uma obra de raciocínio, é que todos seus elementos tenham sido fornecidos pela minha sensibilidade, que eu os vi pela primeira vez no fundo de mim mesmo, sem entendê-los, tendo como grande dificuldade para convertê-las em algo de inteligível como se tivessem sido estranhos ao mundo da inteligência que, como dizer? Um motivo musical. Parece-me a mim que você acha que é sutileza. Oh! Não, garanto-lhe, mas da realidade ao contrário. O que não tivemos que esclarecer para nos, o que era claro antes que nós (por exemplo, ideias lógicas), isto não é realmente nossa, nem sequer sabemos se é o real. É "possível" que elegemos arbitrariamente. Além disso, você sabe, isto se vê imediatamente ao estilo. O estilo não é de jeito nenhum uma operação cosmética, como acreditam algumas pessoas, não se trata sequer de uma questão de técnica, é – como a cor para os pintores – uma qualidade da visão,

---

15. "Não são apenas as mesmas personagens que reaparecem no decorrer desta obra sob aspectos diversos, como em certos ciclos de Balzac, mas, numa mesma personagem, certas impressões profundas, quase inconscientes. Neste ponto de vista, meu livro seria talvez comouma série de 'Romances do Inconsciente'" (Proust, Carta para Antoine Bibesco em novembro de 1912).

a revelação do universo particular que cada um de nós vê, que não vê os outros. O prazer que nos dá um artista, é de dar a conhecer mais um universo.

Na continuação do texto, o diálogo em três prossegue sobre o equilíbrio entre o saber sobre o sofrimento que inspira a piedade para o corpo e a felicidade que ressente o herói apesar disso. O corpo não quer ser ignorado do outro no seu sofrimento, mas o herói não vê obstáculo a sua felicidade, o que não convence a avó. Cottard é chamado em seguida, mas o narrador, tão clarividente quanto ele, não lhe cede a palavra:

> Como continuassem minhas sufocações, sem que pudessem ser atribuídas à congestão, que já cessara de todo, meus pais resolveram recorrer ao professor Cottard. A um médico chamado em casos desse gênero, não basta que seja douto. Posto em presença de sintomas que podem pertencer a de três ou quatro enfermidades, é afinal das contas o seu faro e seu olho clínico que decidem com que doença terá probabilidade de haver-se, malgrado as aparências mais ou menos semelhantes. Esse dom misterioso não implica superioridade nas outras partes aspectos da inteligência, e uma criatura grande vulgaridade, que gosta da pior pintura, da pior música, que não tenha a mínima curiosidade de espírito, pode perfeitamente possuí-lo. No meu caso, o que era materialmente observável podia também ser causado por espasmos nervosos, por um começo de tuberculose, pela asma, por uma dispneia tóxico-alimentar com insuficiência renal, pela bronquite crônica, por um estado complexo teriam vários desses fatores[16].

Pergunto se o narrador não retoma o diagnóstico de Cottard por sua conta deixando a voz ao médico quando quiser? Ele joga com suas personagens, deixando acreditar ao leitor que seu herói conhece seu corpo e pode determinar as doenças que o afligem.

Desconfiamos do narrador que como verdadeiro mensageiro, viaja de personagem em personagem, de situação em situação, exercendo seu poder, muito ciumento das outras vozes.

---

16. *À Sombra das Raparigas em Flor*, p. 97.

Por outro lado, observamos que ele encontra a tese da separação das zonas do cérebro teorizada mais tarde por Stephen Jay Gould que defende "o princípio de dissociação e de construções na base de módulos independentes". A tese ajuda a entender qualquer sistema complexo que surge graças à evolução natural. Ele cita o exemplo de Mozart, que manifestava já seu gênio com cinco anos, mas que brincava como qualquer menino de sua idade[17]; em outras palavras o módulo "gênio musical" não dominava o módulo "idade psíquica de cinco anos".

Cottard seria um outro modelo para Gould. Por mais que seja vulgar, tem um faro fora do comum no diagnóstico. Diferente da avó que não consegue se desligar de seu neto, Cottard a substitui vantajosamente, não se compadece com o sofrimento do doente e aplica seu saber sensível e não racional para esclarecer a situação e determinar as medidas a serem tomadas. Como bom clínico, toma suas distâncias e indica os remédios: "Purgantes violentos e drásticos e leite durante vários dias, nada mais que leite. Nada de carne, nada de álcool"[18] e, assim, sara o herói. Como o narrador constatará mais tarde, na ocasião da doença da avó, os médicos embora muitas vezes em pistas falsas são os únicos que podem dialogar com o corpo[19].

---

17. O imaginário da trajetória única nos desvia frequentemente na compreensão da realidade porque nos faz pensar que existe etapas lógicas e coerentes no desenvolvimento dos seres. A história da vida mostra ao contrário que "foram as contingências ricas e fascinantes que forjaram nosso mundo", segundo Stephen Jay Gould em *Eight Little Piggies. Reflections in Natural History (Dedo Mindinho e seus Vizinhos*, São Paulo, Companhia das Letras, 1993, p. 79) e não um plano, uma ideia, uma evolução que deveria desembocar no homem. Willemart, *Além da Psicanálise: As Artes e a Literatura*, São Paulo, Nova Alexandria, 1995, p. 194.
18. *À Sombra das Raparigas em Flor*, p. 98.
19. *O Caminho de Guermantes*, p. 328.

10
A Carta

Um dia, à hora do correio, mamãe deixou uma carta em cima da cama. Abri-a distraidamente, pois não podia trazer a única assinatura que me faria feliz, a de Gilberte, com quem eu não tinha relações fora dos Campos Elísios. Ora, na parte de baixo do papel, que tinha um sinete prateado representando um cavaleiro com seu capacete, a cujos pés se retorcia a divisa: *Per viam rectam*, no final de uma carta, escrita com letra muito grande e parecia ter quase todas as frases sublinhadas, simplesmente porque o traço horizontal do "t" não ficava na própria letra, mas solta em cima dela, vi a assinatura de Gilberte. Mas como considerava impossível aquela assinatura em uma carta a mim dirigida, não me causou alegria vê-la porque a visão não vinha acompanhada pela fé. Durante um instante, ela não fez mais que tocar de irrealidade tudo quanto me cercava. Com vertiginosa velocidade, aquela assinatura inverossímil brincava de esconder com meu leito, a minha lareira e a minha parede. Via tudo oscilar como acontece a quem cai do cavalo, e perguntava-me se não havia uma existência completamente diferente daquela que eu conhecia, em contradição com ela, mas que seria verdadeira e que, ao ser revelada de súbito, me infundia a mesma perplexidade posta pelos escultores, que representam o Juízo Final, na figura dos ressuscitados que se acham nos umbrais do Outro Mundo[1].

O herói continua vivendo num mundo dividido. O efeito de uma carta não esperada o perturba tanto que acredita ser levado para outro mundo cujo testemunho é a assinatura que, como a varinha de uma feiticeira ou de uma fada, torna irreal o que o cerca e o transporta para um mundo, comparado ao de quem cai de cavalo ou ao dos mortos ressuscitando para o Juízo Final; suas referências habituais se atrapalham, não é mais uma revelação progressiva do quarto com o despertar em Combray quando o herói faz reviver aos poucos os móveis, a janela, as cortinas etc., mas um despertar, diria catastrófico no sentido de René Thom, isto é, a bifurcação é tão violenta que o herói se pergunta se não chegou à verdadeira vida, embora hesite quanto ao caminho a seguir.

Estas comparações, a queda de um cavalo e o Juízo Final, nada têm a ver uma com outra, mas colocadas juntas elas definem um estilo e um novo sentido segundo o narrador. Se uma queda de cavalo faz perder as referências de tempo e espaço, sair do túmulo provoca o mesmo, mas dá a mais outra vida, o que não é o caso da primeira comparação se o leitor lembrar do acidente mortal de Albertine em *A Prisioneira*.

A carta faz reviver o herói não para ser julgado, mas para lhe mostrar o quanto ele estava enganado sobre os sentimentos de Gilberte. A chamada da amiga tira o herói de si mesmo e lhe dá outra vida. O outro na pessoa de Gilberte se manifestou contra toda espera. Devendo introduzir este novo elemento na corrente que o constitui, deve se repensar e repartir de outro pé.

A surpresa não o impediu de olhar o sinete – é o herói ou o narrador que mistura à vontade sua descrição com o estado de espírito do herói? – para nos ler a divisa do versículo 7 do Salmo 107 *per viam rectam*[2]. Esta divisa não é muito apropriada para

---

[1]. *À Sombra das Raparigas em Flor*, pp. 99-100.
[2]. Louvai ao SENHOR, porque ele é bom, porque a sua benignidade dura para sempre.

caracterizar Gilberte se lembramos o que segue, mas ela oferece ao herói que acreditava ter sido esquecido "uma cidade habitável" como Javé dizia aos judeus errantes.

Outro detalhe observado pelo herói-narrador é o traço horizontal dos "T" e não do "T" como mal traduziu Mário Quintana. Os 28 traços sublinham todo o texto e ressaltam a importância de todas as palavras ao ponto de, desembocando na "assinatura de Gilberte", ela mesma com um grande traço, o herói mergulha num *fading* significativo comparável ao despertar dos mortos. Ele deve, portanto, recompor uma outra ideia dele mesmo.

Em seguida, vem a leitura da carta que de novo divide o herói, esta vez, entre o sistema nervoso e sua alma:

> Enquanto eu lia tais palavras, o meu sistema nervoso recebia com admirável diligência a nova de que me chegava uma grande felicidade. Mas minha alma, isto é, eu mesmo, e em suma o principal interessado, ainda a ignorava. A felicidade, a felicidade por meio de Gilberte, era uma coisa em que eu tinha constantemente pensado; uma coisa toda em pensamentos, *cosa mentale*, como dizia Leonardo da pintura. Uma folha de papel coberta de caracteres é coisa que o pensamento não assimila imediatamente. Mas, logo que terminei a leitura, pensei na carta e ela tornou-se um objeto de sonho, tornou-se, ela também, *cosa mentale* e eu já a amava tanto que a cada cinco minutos me era preciso relê-la e beijá-la. Tive, então, conhecimento de minha felicidade[3].

De novo, a divisão entre o sistema nervoso e a alma é invocada. O herói se identifica ao que ele chama alma, outro nome para pensamento. Ele opõe os sentidos que já percebem a che-

---

Digam-no os remidos do Senhor, os que remiu da mão do inimigo,
E os que congregou das terras do oriente e do ocidente, do norte e do sul.
Andaram desgarrados pelo deserto, por caminhos solitários; não acharam cidade para habitarem.
Famintos e sedentos, a sua alma neles desfalecia.
E clamaram ao Senhor na sua angústia, e os livrou das suas dificuldades.
E os levou por caminho direito, para irem a uma cidade de habitação.
Salmos 107:1-8 <https://www.bibliaonline.com.br/acf/sl/107>.

3. *À Sombra das Raparigas em Flor*, pp. 100-101.

gada de uma grande felicidade, mas o caminho de um para outro não é imediato como mostra a nota de rodapé[4], embora a velocidade seja a de uma conexão por internet se tomarmos o exemplo da comunicação entre a retina e o cérebro[5].

Mal posso me impedir de comparar a organização psíquica sustentada pelo herói com a que Freud preconizava na *Interpretação dos Sonhos* quando escrevia que todas as percepções, quaisquer que sejam, passam pelo inconsciente antes de chegar à consciência. A percepção não é imediatamente assimilada, porque é preciso aguardar no espírito, espera traduzida por Leonardo da Vinci por *cosa mentale*, para que a carta adquira, ela também, esta dimensão e que o herói seja atingido. O narrador acrescenta, portanto, uma etapa ao esquema freudiano. Mesmo se já foi percebido, o objeto deve voltar atrás para ser sonhado, voltar a ser *cosa mentale* e provocar a felicidade.

O final da leitura da carta desencadeia a paixão já que a compreensão do que se passa chega ao pensamento do herói. Assim transformado em *cosa mentale* ou objeto de devaneio, Gilberte

---

4. "O corpo recebe as informações. O sistema sensorial recebe as informações do ambiente pelo tocar, o olfato, o gosto, a vista ou o ouvido, os avalia e os seleciona. Estas informações passam por um primeiro 'filtro', o rinencéfalo. Trata-se de uma parte central do cérebro que desempenha o papel de recepção e de centro da seleção. Várias estruturas trabalham em estreita colaboração: o talamos tem um papel na consciência, na percepção do tempo e no sistema motor. Sob o tálamo se encontra o hipotálamo que tem um papel determinante nas necessidades elementares como a fome, a sede, o sono, as pulsões sexuais. A amigdala é o centro de controle das emoções; ela associa estas últimas às informações. O hipocampo se encarrega de orientar as informações verso a memória a curto ou a médio termo assim que de repartir as novas informações recém-chegadas na memória nas regiões correspondentes do córtex cerebral. Em seguida, ele as mantém no córtex cerebral direito ou esquerdo. Pois, as informações são mantidas, em função de sua natureza, do lado esquerdo ou direito do córtex cerebral. O cérebro mantém nos conjuntos neuronais determinados e no cerebelo as aptitudões que temos interiorizadas, como saber guiar ou nadar e os chama para transformá-los em atos. Enfim, os conteúdos memorizados são chamados, associados uns aos outros, transmitidos ao aparelho locomotor e transformados em atos; segundo as últimas descobertas, estas operações aconteceriam principalmente via estruturas específicas dos lobos frontais e dos polos dos lobos temporais". <http://O.eduvs.ch/lcp/methode/index.php?opção=com_content&task=view&id=6&Itemid=5>.
5. <O.ophtalmologie-paris.org>

ocupa a totalidade do espírito do herói. Será que podemos dizer que a quantidade de espaço ocupado no espírito define a medida da paixão que o herói chama milagre e que ele tenta situar no meio de tantos obstáculos. O leitor ganha assim um pequeno tratado sobre o amor, escrito pelo narrador evidentemente e não pelo herói que vive a paixão.

> A vida é semeada desses milagres, pelas quais podem sempre esperar os enamorados. É possível que este tivesse sido artificialmente provocado por minha mãe, que, ao ver que desde algum tempo eu perdera todo ânimo para viver, talvez mandasse pedir a Gilberte que me escrevesse. [...] De resto, em todos esses acontecimentos que na vida e em suas contrastantes situações se relacionam com o amor, o melhor é não tentar compreendê-los, visto que, no que possuem de inexorável como de inesperado, parecem antes regidos por leis mágicas do que por leis racionais[6].

Apesar destas leis mágicas, o herói tenta mesmo assim entender o amor e enumera alguns motivos negativos que o impedem continuar:

> Esses obstáculos, com que têm de lutar os amantes e que a sua imaginação superexcitada pelo sofrimento procura em vão adivinhar, residem muita vez nalguma singularidade do caráter da mulher que eles não podem atrair para si; na tolice dela, na influência que sobre ela tiveram e nos receios que lhe sugeriram certas pessoas a quem o amante não conhece, no gênero de prazeres, que ela pede no momento à vida, prazeres que seu amante e a fortuna de seu amante são incapazes de lhe oferecer[7].

O narrador destaca dois obstáculos que vêm da amante, seu caráter ou sua tolice, um terceiro vem dos outros e o último obstáculo engloba os prazeres não satisfeitos. Não é uma visão unilateral na qual somente a mulher está em causa, como se o amante não estava em nada responsável do fracasso amoroso?

---

6. *À Sombra das Raparigas em Flor*, p. 101.
7. *Idem, ibidem.*

Em todo caso, o amante está mal colocado para conhecer a natureza dos obstáculos que a astúcia da mulher lhe oculta e que próprio juízo falseado pelo amor impede de apreciar exatamente. Assemelham-se a esses tumores que o médico acaba reduzindo, mas sem saber qual foi sua origem. Como eles, esses obstáculos permanecem misteriosos, mas são temporários. Somente que em geral duram mais que o amor. E, como este não é uma paixão desinteressada, o enamorado que deixou de amar não procura saber por que motivo a mulher pobre e leviana a quem amava se recusara obstinadamente durante anos, a continuar com ele[8].

O amor oblativo não existe, contrariamente à crença do grande público, o que confirma a teoria psicanalítica: "Toda enamoração *(Verliebtheit)* é fundamentalmente narcissíca"[9]. Ela falsifica o julgamento e é passageira.

E em assunto de amor, um mistério semelhante ao que muitas vezes oculta à nossa vista a causa de uma catástrofe, envolve igualmente com muita frequência essas repentinas soluções felizes (como a que me trouxe a carta de Gilberte). Soluções felizes ou que, pelo menos, o parecem, pois não há solução realmente venturosa quando está em jogo um sentimento tal natureza que qualquer satisfação que se lhe dê só serve para mudar de sítio o sofrimento. Todavia, às vezes é concedida uma trégua e tem-se por algum tempo ilusão de estar curado[10].

"Mistério" não é muitas vezes a palavra usada quando não sabemos a origem das coisas boas ou más? O narrador como verdadeiro freudiano avant la lettre, se mostra cético quanto a uma solução feliz suspeitando um sobressalto temporário fora da dor que seria a base natural da vida.

---

8. *Idem*, p. 102.
9. "Uma amostra do que somos capazes de produzir em matéria de moral é dada pela noção de oblatividade. Essa é uma fantasia do obsessivo, em si incompreendido: tudo para o outro, meu semelhante, é o que se profere, sem reconhecer nisso a angústia que o Outro inspira por não ser um semelhante" (Lacan, *Escritos*, Rio de Janeiro, Zahar, 1998, p. 615).
10. *À Sombra das Raparigas em Flor*, p. 102.

O que seria ser feliz ou o que é a felicidade para o narrador? Esta pergunta atravessa uma boa parte do livro e exige uma resposta. Voltemos um pouco atrás quando o narrador liga a felicidade tanto ao desejo quanto ao corpo:

> Naquele momento, um recado de Gilberte não seria talvez o que me conviesse. Nossos anelos se vão entrecruzando e, na confusão da existência, é raro que uma felicidade venha pousar justamente sobre o desejo que a reclamar[11].

Habilmente, o narrador distingue o desejo da felicidade; mesmo se a segunda é o resultado do primeiro, ela não é necessariamente a consequência dele; a confusão só pode vir da não-linearidade de nossos desejos que longe de harmonizar-se, se sobrepõem e exibem uma desordem aparente.

Um pouco mais adiante, o narrador pega o corpo do herói como testemunha para afirmar que estes males não são um obstáculo à felicidade:

> E como os escrúpulos já se apaziguaram ante a certeza de que ela conhecia meu mal, meu corpo não se opunha a que a tranquilizasse. Fazia protestos de que este mal não era penosa: dizia que não havia motivo para que se compadecessem de mim, que não tinha dúvida de que me sentia feliz; meu corpo já havia conseguido toda a compaixão que merecia e, desde que soubesse que tinha uma dor do lado direito, não achava inconveniência em que eu declarasse que essa dor não era um mal e não constituía obstáculo a meu bem-estar, pois meu corpo não se importava com filosofia; esta não era da sua alçada[12].

Nem o desejo insatisfeito nem a dor corporal seriam um impedimento à felicidade. A carta seria somente um dos momentos felizes que não decorrem necessariamente de um desejo nem de uma ausência de dor. Acontecendo sem avisar, o herói e o narrador tentam dar uma explicação.

11. *Idem*, p. 87.
12. *Idem*, p. 96.

Quanto àquela carta, que trazia um nome que Françoise não queria acreditar que fosse o de Gilberte, porque o G, muito adornado e apoiado num "i" sem ponto, parecia um A, e a última sílaba estava indefinidamente prolongada por um rendilhado rabisco, se quiser buscar uma explicação racional da mudança que implicava, e que tanto me alegrou, talvez se chegue à conclusão de que a devia em parte a um incidente que me pareceu, muito pelo contrário, que me perderia para sempre na consideração dos Swann[13].

Por que o narrador insiste na leitura de Françoise que transforma o "g" e o "i" em "A" para ser lido Alberte? Não falta muito para completar e escrever Albertine[14]. Premonição atribuída a Françoise que prediria assim a substituta de Gilberte no coração do herói e que aparecerá pela primeira vez dez páginas adiante na edição Plêiade. Pierre-Louis Rey nas notas da mesma edição avisa o leitor que o herói, ele mesmo, "acreditará ler a assinatura de Albertine embaixo do telegrama enviado por Gilberte. Imaginada desde a primeira versão do texto, a escritura singular de Gilberte favoreceria este achado tardio"[15]. Será que podemos adiantar que Françoise é um dos porta-voz do herói ou um de seus eu?

Em seguida, lemos uma longa explicação sobre o motivo provável da reviravolta de Gilberte: "ouvira de uma pessoa que a sra. Swann estimava muito", mentira contada por Bloch em que Cottard acreditou e para agradar Sra. Swann, lhe dirá uma palavra na primeira ocasião. A resposta de Gilberte ao amor do herói só se declara, portanto, após um boato mentiroso do qual aproveita o galante doutor Cottard. O herói sendo agora bem visto pelos pais, Gilberte pode se declarar. Caminho tortuoso que explica provavelmente sua falta de resultado.

Se nos colocarmos no nível do autor e não mais das personagens, Proust construiu um herói plenamente socializado no sentido de que sua relação amorosa depende do discurso de duas

---

13. Idem, p. 102.
14. José Carlos Voir Souza, *Balbertinec – um Litoral "A l'ombre des jeunes filles en fleurs"*, (Master), Université de São Paulo (USP), 2009, <www.teses.usp.br>.
15. Pierre-Louis Rey, "Notes e Variações dans Proust", *A l'ombre des jeunes filles en fleurs*, p. 1364.

outras personagens que será seguido da aprovação dos pais de Gilberte. Muito pouco sólido, esse amor dependente anuncia o que seguirá.

O trecho seguinte mostra até que ponto o amor por Gilberte transforma a visão do herói:

> E então me foi dado conhecer aquela casa de onde emanava até a escada o perfume que usava a sra. Swann, mas aromado muito mais ainda pelo encanto particular e doloroso que se evolava da vida de Gilberte. O implacável porteiro, mudado em benevolente Eumênide [...]. Os tesouros [...], as tranças de Gilberte roçavam a face. Elas me pareciam, pela fineza de sua grama, ao mesmo tempo natural e sobrenatural e, pelo vigor das suas folhagens de arte, uma obra única, para a qual teriam utilizado a própria relva do Paraíso. Que celeste herbário não daria eu de moldura a um fragmento delas por mínimo que fosse? Mas não esperando conseguir-lhes um pedaço verdadeiro daquelas tranças, se pudesse conseguir a fotografia, quanto mais preciosa não seria do que as flores desenhadas por Da Vinci! Para obtê-la, fiz junto a amigos dos Swann e até com fotógrafos, baixezas que não me valeram o que desejava; mas ligaram-me para sempre a pessoas muito aborrecidas[16].

A fotografia atravessa as relações amorosas de diferentes maneiras *Em Busca do Tempo Perdido*, se concordamos com Emily Eels, que reaproxima a escritura proustiana desta arte nova: "A escritura proustiana é fotográfica no sentido etimológico do termo: ela escreve a luz"[17].

Excelente definição que dá conta da função da arte de escrever que poderíamos estender a todas as artes. Mas aqui, o herói quer uma foto da amada como em *O Caminho de Guermantes*, quando tentará convencer Robert de Saint-Loup a lhe dar a foto de sua tia, a duquesa de Guermantes. Neste trecho, a foto substituiria as tranças, esta parte do corpo que toca o herói e lhe faz desejar o Paraíso. Possuir a foto de Gilberte lhe daria o paraíso na terra? O leitor poderia pensar, tanto mais que compara os

---

16. *À Sombra das Raparigas em Flor*, pp. 103-104.
17. Emily Eels, "Photographie", *Dictionnaire Proust*, p. 767.

Swann a Luís XIV e que imita sua pronúncia. Desejava se tornar um Swann ou, pelo menos, entrar na família, como se contemplar a foto o assimilasse a Gilberte.

O texto seguinte situa a relação do herói com os Swann: o narrador fala "dos frêmitos de respeito", do "reinado no qual foi acolhido o herói", da vida sobrenatural dos Swann, "do coração do Santuário"[18] confirmando a exaltação do herói acolhido na casa dos Swann.

No episódio sobre a Berma, o herói vivia uma experiência semelhante e dizia: "usar de um meio artificial [o binóculo] para mostrar [a realidade des coisas], não é equivalente a se sentar perto delas"[19]. Nossa personagem invoca a proximidade espacial que não substitui nenhum meio técnico de aproximação. O herói não quer ver simplesmente, mas "se sentir perto". O olhar não é apenas um meio de examinar o objeto, mas de senti-lo. Mais o olhar está perto, melhor será a sensação de fazer parte do universo da Berma e de medir a distância na qual se encontra o herói a tal ponto que no final da representação de *Fedra*, o herói queria ficar no teatro indefinidamente de tanto que a atmosfera lhe tinha agradado.

Não é uma constante do caráter do herói querer fazer parte do mundo dos que ele admira e renunciar a sua origem, o mundo dos pais?

A introdução de Albertine, "a famosa Albertine"[20], e por consequência de sua tia sra. Bontemps, permite ao narrador comparar o Swann de outrora ao de hoje e de refletir sobre os salões. Será o assunto do próximo capítulo.

---

18. *À Sombra das Raparigas em Flor*, p. 111 para as citações deste parágrafo.
19. *Idem*, p. 40.
20. *Idem*, p. 115.

11
===

As Derivas de Swann

– Estás muito enganada, ela é encantadora, bonita, inteligente. É até mesmo espirituosa. Eu vou cumprimentá-la, perguntar-lhe se o marido acredita que vamos ter guerra, e se pode contar com o rei Teodósio. Ele deve saber isso, não é? ele que está no segredo dos deuses... Não era assim que Swann falava antigamente[1].

Swann respondia a sua filha Gilberte que despreza a tia de Albertine, Sra. Bontemps, casada com o diretor do gabinete do Ministro das Obras Públicas. Em vez de se informar perto de suas altas relações, ele contava com um funcionário do Ministério, Diretor de Gabinete, é verdade, mas não pertencendo à alta sociedade.

O narrador observa assim a mudança de atitude de Swann após o seu casamento e desenvolve o que escrevia no início do romance sobre a ostentação do "filho Swann", velho amigo dos pais do herói e pouco estimado desde então.

---

1. *À Sombra das Raparigas em Flor*, p. 115.

Como a observação exterior não basta, o narrador invoca uma lei psicológica:

De modo que, é inútil estudar os costumes, pois podemos deduzi--los das leis psicológicas. Os Swann participavam desse defeito dos que não veem a sua casa muito concorrida; a visita, o convite, a simples frase amável de alguma pessoa, um tanto em evidência constituíam para eles um acontecimento a que desejavam dar publicidade[2].

A mãe do herói enunciará mais tarde a natureza desta lei:

Minha mãe, pelo contrário, compreendia muito bem: sabia que grande parte do prazer que sente uma mulher quando penetra num ambiente diverso daquele em que vivia antes consiste em poder informar a seus velhos amigos das amizades relativamente mais brilhantes com que os substituiu[3].

Para entender o que a mãe do herói chama "sociedade brilhante", é precisa voltar ao primeiro volume quando o narrador comenta o pensamento social dos pais do herói, esses "burguês de outrora":

Nossa ignorância acerca dessa brilhante vida mundana que Swann levava provinha evidentemente, em parte, da reserva e da discrição de seu temperamento, mas também do fato de que os burgueses da época faziam da sociedade uma ideia um tanto hindu, considerando-a como composta de castas estanques, nas quais cada um, desde o nascimento, se achava colocado na posição ocupada pelos pais, e de onde nada os poderia tirar para fazer penetrar em uma casta superior, a não ser pelo acaso de uma carreira excepcional ou de um casamento inesperado[4].

Como o nascimento explicava a pertença a uma camada da sociedade e fechava nela seus membros, sair de sua casta não era de bom tom. Swann tinha ousada quebrar "as correntes" que o

---

2. *Idem*, p. 116.
3. *Idem*, p. 119.
4. *No Caminho de Swann*, p. 16.

enclausuravam na sua "casta" casando com uma ex-*cocotte*, casamento totalmente inesperado já que o precipitava em baixa na sociedade contrariamente à lei enunciada pela mãe do herói. Tinha tentado introduzir sua mulher no seu antigo círculo sem conseguir como o leitor sabe. Portanto, tanto a Sra. Bontemps quanto a Sra. Swann devem se contentar em ser apresentadas a uma ou a outra personalidade pertencente a este meio sem aproveitar disse:

> Fora recentemente apresentada pelos Swann à duquesa de Vendôme e acharam isso tão natural como agradável. E gloria-se de tal coisa perante os Cottard, não fora a parte menos saborosa de seu prazer. E, como os recentes condecorados que desejariam ver em seguida fechar-se em seguida a torneira das cruzes, a sra. Bontemps não queria que, depois dela ninguém da sua classe fosse apresentado à princesa[5].

Contar para os Cottard, mas também que os Verdurin o saibam por intermediário, semeava a inveja e aumentava sua glória, acreditava a sra. Bontemps:

> Para isso, é preciso uma testemunha, a quem se deixa penetrar naquele mundo novo e delicioso, e como em uma flor um inseto zumbidor e doidivana, que em seguida, ou pelo menos assim se espera, espalhará a nova, o germe de inveja e admiração ali roubado, ao acaso das suas visitas ulteriores[6].

A Sra. Swann, objeto de gozação da mãe do herói, faz o mesmo:

> E acrescentava como se comparasse a uma guerra colonial o modo um pouco sumário, rápido e violento com que a sra. Swann conquistava as suas relações: – Agora que os Trombert estão submetidos, as tribos vizinhas não tardarão a render-se. Quando se encontrava na rua com a sra. Swann, dizia-nos ao regressar: – Vi a sra. Swann em pé de guerra, devia estar partindo para alguma frutuosa ofensiva contra os Masochutos, os Cingalesess ou os Trombert[7].

---

5. *À Sombra das Raparigas em Flor*, p. 126.
6. *Idem*, p. 119.
7. *Idem*, pp. 118-119.

E o narrador conclui maldosamente: "Por outro lado, a sra. Swann só obtivera resultados no que se chama 'o mundo oficial'. As mulheres elegantes não lhe frequentavam a casa"[8].

Um comportamento e consequências similares serão também observados na casa da sra. de Villeparisis em *O Caminho de Guermantes*[9].

Sobrava aos Swann, segundo o narrador, o mundo oficial, isto é, os funcionários que trabalhavam nos ministérios enumerados na *Busca do Tempo Perdido*, os das Obras Públicas, do Correio, da Guerra, da Instrução Pública, dos Negócios Estrangeiros etc. O critério de julgamento será sempre o do nascimento, mas na falta dele, apenas sobravam as mulheres destes funcionários que mesmo com altos cargos, não se comparavam às altezas elegantes.

No entanto, Swann pouco se preocupava desta mudança de classe e visava outro coisa que sua mulher:

Ademais, Swann não se contentava em buscar na sociedade tal como ela existe, e ligando-se aos nomes que nela inscreveu o passado e que ainda se pode ler um simples prazer de letrado e de artista; entregava-se ao divertimento assaz vulgar como que ramalhetes sociais, agrupando elementos heterogêneos; reunindo pessoas apanhadas aqui e acolá. Essas experiências de sociologia divertida (ou que Swann assim achava) nem sempre tinham a mesma repercussão – pelo menos de um modo constante – nas amigas de sua mulher[10].

O narrador se pergunta como Swann não pôde resistir à influência de sua mulher, ele que frequentava a sociedade brilhante por excelência, os Guermantes:

Ademais, as pessoas que não haviam apenas conhecido o antigo Swann extrassocialmente, como eu, mas na alta sociedade, naquele meio dos Guermantes que, excetuando as Altezas e as duquesas, eram

---

8. *Idem*, p. 120.
9. *O Caminho de Guermantes*, p. 200.
10. *À Sombra das Raparigas em Flor*, pp. 125-126.

de uma exigência infinita quanto ao espírito e encanto pessoal, onde se decretava a exclusão de homens eminentes por serem considerados aborrecidos ou vulgares, poderiam essas pessoas espantar-se ao verificar que o antigo Swann deixara não só de ser discreto quando falava de suas relações, mas também de ser exigente quando se tratava de as escolher. Como era que não o exasperava a sra. Bontemps, tão comum vulgar e tão má? Como podia declará-la agradável? A recordação do círculo dos Guermantes parece que devia impedi-lo, mas na verdade, lhe auxiliava nisso[11].

Temos dificuldade em desembaraçar a meada da escritura. A instância do autor cria a personagem Swann como um ser transformado após seu casamento, o que não é estranho. Mas outra instância que poderíamos chamar o narrador, muito próximo do herói que conta também a história, se coloca no mesmo pé que Swann como se fosse seu vizinho e amigo, se pergunta por que esta mudança nas frequentações. Sob a ficção se esboça assim uma reflexão que faz deste narrador-herói um filósofo ou um sociólogo senão um psicanalista que quer entender os motivos de agir da personagem e disseca assim a alma humana!

"Subir" na sociedade poderia ser o objetivo da sra. Swann e Sra. Bontemps, mas como Swann se deixou prender por este jogo de duas mulheres? O espírito Guermantes não era provavelmente capaz de opor-se a tal ambição. Swann, embora desejando apresentar Odette à duquesa, sem sucesso como aprenderemos mais tarde, e talvez levando em conta suas origens judias, não era tão imbuído deste espírito dos Guermantes como poderíamos pensar. Preferia observar de fora as misturas de classes, incongruentes para a época, mas anunciadores do que virá após a Primeira Guerra Mundial[12].

Quanto a definir o espírito de Guermantes, nem o narrador nem Marcel Proust, que se queixa na sua correspondência[13],

---

11. *Idem*, p. 116.
12. Bebiano, "O Caso do Diletante: A Personagem de Charles Swann e a Unidade do Romance *Em Busca do Tempo Perdido*", *op. cit.*, p. 98.
13. Carta para Paul Souday, *Corr.*, t. XX, p. 259. Brian Rogers, "Guermantes (espírito)", *Dictionaire Marcel Proust*, Paris, Champion, 2004, p. 445.

nem mesmo Saint-Simon conseguiram ilustrar o espírito Mortemart que teria inspirado o dos Guermantes.

Certamente, que entre os Guermantes, ao contrário do que sucede em três quartas partes dos meios mundanos, havia gosto, um gosto refinado até, mas também esnobismo, e daí, a possibilidade de uma interrupção momentânea no exercício do gosto. Se se tratasse de alguém que não era indispensável àquele banda, de um ministro dos Negócios Estrangeiros, republicano um tanto solene, de um acadêmico loquaz, o gosto exercia-se a fundo contra ele, Swann lamentava a sra. de Guermantes por ter jantado ao lado de tais convivas numa Embaixada, e mil vezes lhe prefeririam um homem elegante, um homem do círculo dos Guermantes, alguém que era da mesma capela[14].

Sentimos um narrador que, partidário dos Guermantes, lhes opõe republicanos e acadêmicos tagarelas. É uma posição política ou sociológico? Um não vai sem a outra, mas sublinharia o lado sociológica, visto o papel que desempenha a família na sociedade aristocrática proustiana, como testemunha este trecho de *O Caminho dos Guermantes* que insiste sobre o lado fechado da aristocracia:

Desertada nos meios mundanos intermediários, que vivem entregues a um perpétuo movimento de ascensão, a família desempenha pelo contrário um importante papel nos meios imóveis como a pequena-burguesia e como a aristocracia principesca, que não pode procurar elevar-se porque, acima dela, sob o seu ponto de vista especial, não existe nada[15].

Espírito de capela, família ou clã, quem não faz parte é excluído e chato. O critério para o gosto decorreria desta divisão em castas. Com seu casamento, Swann anuncia a futura sociedade que:

[...] semelhante aos caleidoscópios que giram de tempos em tempos, a sociedade coloca sucessivamente de modo diverso elementos que se supunham imóveis e compõe uma nova figura[16].

---

14. *À Sombra das Raparigas em Flor*, p. 117.
15. *O Caminho de Guermantes*, pp. 409-410.
16. *À Sombra das Raparigas em Flor*, p. 120.

O gosto para a sociologia divertida da personagem Swann tinha como subentendido a reviravolta das castas e a mistura das classes que se confirmarão em *O Tempo Redescoberto*. Profeta de um certo modo, sob aparente sadismo, Swann "demonstra aspectos desconhecidos e ignorados pelo progresso das ciências da época"[17], mas de uma maneira contraditória:

> A disposição particular que sempre teve de procurar analogias entre os seres vivos e os retratos dos museus ainda se exercitava, mas de uma maneira mais constante e mais geral; é a vida mundana inteira, agora que estava desligado que se apresentava a ele como uma seguida de quadros[18].

Personagem complexa, Swann entra no jogo de Odette, mas aperfeiçoa seu desejo de transformar a sociedade, brilhante ou não, em obras de arte, o que é uma maneira de congelar as camadas sociais ou de colocá-las no museu, como se a obra fosse do pintor Swann.

Swann seria um esboço de Elstir, já que ambos veem a sociedade em imagens? Não, porque enquanto Swann repete e duplica as imagens de sua bagagem cultural por meio das pessoas encontradas e não se deixa trabalhar por elas, Elstir armado de lentes coloridas como a lanterna mágica e de uma luz particular, transforma as imagens de seu espírito trabalhando como se fosse na tela e, assim fazendo, se distancia da tradição ou da repetição.

Um outro elemento contribuía para a mudança na atitude de Swann:

> Swann era de resto cego no concernente a Odette, não só ante as lacunas de sua educação como também ante a mediocridade de sua inteligência. Ainda mais, cada vez que Odette contava uma história tola, Swann escutava a mulher com uma complacência, uma alegria, quase uma admiração, onde devia entrar uns restos de volúpia; ao passo que, na mesma

---

17. Almeida, *op. cit.*, p. 180.
18. *O Caminho de Swann. Em Busca do Tempo Perdido*, p. 390 citado por Almeida, p. 99.

conversação, o que ele próprio pudesse dizer de fino, até de profundo, era habitualmente ouvido por Odette sem interesse, às pressas, impacientemente e às vezes contraditado com severidade. E há de concluir-se que esta servidão de escol à vulgaridade é de regra em muitos casais[19].

O leitor pode se perguntar por que a inteligência se curva ante a vulgaridade, por que o homem ou a mulher se deixam rebaixar pelo objeto de seu amor. Não é mais, portanto, uma questão de quociente intelectual nem de classe social, mas de uma submissão à paixão amorosa que cega o sujeito amoroso. São dois universos que se confrontam, mas agindo em níveis diferentes, não se encontram, salvo para um espectador, aqui o narrador, que os veem no mesmo ambiente. Lembremos o texto de *No Caminho dos Guermantes* que distingue bem os níveis aos quais se defrontam Swann e sua mulher: "Vemos os seres queridos somente no sistema animado, no movimento perpétuo de nossa incessante ternura"[20].

Swann não podia prestar demais atenção às respostas de sua mulher já que as filtrava através de sua ternura, nem fazia questão de ser entendido sabendo que ela não entendia a crítica de arte.

O narrador prossegue o retrato psíquico de Swann:

---

19. *À Sombra das Raparigas em Flor*, p. 124.
20. *O Caminho de Guermantes*, pp. 154-155 e meu comentário: "Sem saber, o narrador retoma neste trecho o conceito de fantasma, melhor descrito aqui que na teoria psicanalítica e que demonstra a vantagem da literatura sobre as teorias antropológicas em geral. Ele distingue três elementos: a ternura, as imagens e as ideias. O primeiro supõe uma espécie de mar que envolve os seres que se amam e que circulam entre si formando sistema; o segundo, uma multidão de imagens que se acumulam e chegam aos nossos olhos não segundo o critério da verdade, mas segundo o da ternura. O terceiro enfim, 'a ideia que tínhamos de alguém desde sempre', o 'desde sempre' devendo ser entendido como desde a infância, supomos, mundo que tem essa conotação de eternidade e para a maioria de nós, de paraíso. Esses três elementos profundamente imbricados formam um sistema em movimento e explicitam um pouco mais a psicologia no espaço à qual ele alude em *O Tempo Redescoberto*. O fato de revolver em torno da pessoa amada não torna necessariamente a relação mais real ou mais verdadeira, pois o passado e a ternura que enquadram o presente minimizam este último. O verdadeiro opõe-se à ternura assim como o presente ao passado" (Willemart, *A Educação Sentimental em Proust*, Cotia (SP), Ateliê Editorial, 2002, p. 59).

[Ele] ia seguidamente visitar algumas das suas relações de outrora, e por conseguinte pertencentes todas à mais alta sociedade. No entanto, quando nos falava das pessoas que acabava de visitar, notei que a escolha que fazia era guiada pela mesma espécie de gosto, meio-artístico, meio-histórico, que tinha como colecionador. E notando muitas vezes que era esta ou aquela grande dama desclassificada que lhe interessava, porque fora amante de Liszt, ou algum romance de Balzac à sua avó for a dedicado à sua avó (da mesma forma que comprava um desenho se Chateaubriand o havia descrito), tive a suspeita de que, em Combray, havíamos substituído o erro de julgar Swann um burguês que não frequentava a sociedade pelo outro erro de o julgarmos um dos homens mais elegantes de Paris. Ser amigo do conde de Paris nada significava[21].

Swann é definitivamente desclassificado e não fazia parte da classe brilhante, como acredita o pessoal de Combray e nós, seus leitores. A formação do herói continua. O pai de Gilberte é visto sob outro ângulo e não é mais descrito como um dos homens mais elegantes de Paris, mas como um colecionador muito especial que não reúne as pessoas que conheceram Balzac, Chateaubriand ou Liszt, mas a relação que elas tiveram com esses famosos artistas como se a amante de Liszt, ou a pessoa que ganhou uma dedicatória de Balzac, ou uma paisagem descrita por Chateaubriand, tivessem participado da criação do romance ou da melodia. Assim, acreditava se sentir na pele do ator confundido com o escritor, que tinha participado da criação por amor, amizade ou da descrição de um lugar. Em outras palavras, ele se sentia participando da vida do artista ou mesmo coautor pelo encontro de seus próximos. Será que pensava assim fazer uma crítica original das obras analisadas?

Prolongando sua pesquisa sobre o novo Swann, o narrador constata a decalagem entre o ciúme outrora ressentido com Odette, sua indiferença de hoje e o possível renascimento desse sentimento:

Para que o ciúme de Swann renascesse, não era necessário que aquela mulher fosse infiel, bastava que, por uma razão qualquer, es-

---

21. *À Sombra das Raparigas em Flor*, p. 125.

tivesse longe dele, numa reunião sarau, por exemplo, e parecesse que lá se divertira. Era o bastante para despertar de novo nele a angústia antiga, lamentável e contraditória excrescência de seu amor, e que afastava Swann do que ela era na verdade (apresentando-se, como uma necessidade de chegar ao fundo do sentimento real que aquela jovem lhe dedicava ao desejo oculto de seus dias, ao segredo de seu coração), pois, entre Swann e aquela que ele amava, um amontoado refratário de suspeitas anteriores, que tinha como causa Odette, ou qualquer outra talvez que precedera a Odette e que já não permitiam ao amante envelhecido conhecer a sua amante de hoje através do fantasma antigo e coletivo da "mulher que dava ciúme", no qual havia arbitrariamente encarnado o seu novo amor[22].

O narrador psicanalista acorda de novo e centra o ciúme de Swann na angústia de ser enganado desde os seus primeiros amores, pouco importa os verdadeiros sentimentos de Odette. Ele é vítima de um fantasma imaginário coletivo que o narrador chama *fantôme* ou aparição fantastica. As relações entre Swann e Odette serão repetidas entre o herói e Albertine e acentuam, como já foi sublinhado, a fraternidade entre Swann e o herói.

As relações de Swann com Odette e com a arte tem em comum situar Swann fora da realidade e dependente de potências exteriores ou de um simbólico muito absorvente. O amor para com Odette se incrusta num mito e nos seus amores anteriores, o que minimiza a relação com Odette; seu interesse pela arte o leva a querer atingir a obra através de testemunhas indiretos que tocam a pessoa do artista, mas bastante afastada da do autor como demonstra o estudo dos manuscritos.

---

22. *Idem*, p. 130.

12
Como Criar a Lembrança de uma Melodia?

Foi num desses dias que lhe aconteceu tocar-me a parte da sonata de Vinteuil onde se encontra a pequena frase que Swann tanto havia amado. Mas, muitas vezes não se entende nada, quando é uma música um pouco complicada que ouvimos pela primeira vez. E, no entanto, quando mais tarde me tocaram duas ou três vezes aquela mesma sonata, aconteceu-me conhecê-la perfeitamente. Assim, não é mal dizer "ouvir pela primeira vez". Se nada se tivesse distinguido na primeira audição, como se pensava, a segunda e a terceira seriam outras tantas primeiras e não haveria razão para que se compreendesse alguma coisa mais na décima. Provavelmente, o que falta na primeira vez não é a compreensão, mas a memória[1].

O herói ignora o que o narrador escreveu em *No Caminho de Swann* sobre o hino ao amor de Swann e de Odette, que representava a sonata de Vinteuil e a maneira desajeitada de Odette de tocar quando tirava "sons destoantes [...] de um piano desa-

---

1. *À Sombra das Raparigas em Flor*, p. 135.

finado[2]. Não somente, Odette toca melhor do que no primeiro volume, mas o herói que a escuta pela primeira vez, não entende a sonata julgada um pouco complexa enquanto o narrador sabia perfeitamente o que se passava na alma de Swann na época e interpretava a frase como um bom crítico musical. Nem o piano nem o intérprete interessam as herói. Apenas o motivo pelo qual ele não a entende, a memória frágil.

Pois a nossa [memória], relativamente à complexidade de impressões com que tem de se haver enquanto escutamos, é ínfima e tão breve quanto a memória de um homem que, dormindo, pensa em mil coisas que em seguida esquece, ou do homem que na segunda infância, não recorda no minuto seguinte o que acabamos de lhe dizer[3]. A memória é incapaz de fornecer imediatamente a lembrança dessas múltiplas impressões[4].

Não se trata da memória da melodia ouvida, o que deveria reter um músico, mas das impressões ressentidas na escuta que a memória deveria reter. Se lembrarmos da psicologia no espaço detalhada pelo narrador em *O Tempo Redescoberto*, uma primeira revolução não traz muita coisa:

Centrando o interesse nas paixões, a psicologia no espaço autoriza uma nova concepção da leitura onde a identificação se deslocará das personagens para os sentimentos, sensações e paixões vividos e oferecerá, em consequência, um outro tipo de espelho[5].

A lembrança é progressiva e tem necessidade da repetição para se constituir:

Mas esta lembrança se vai formando nela pouco a pouco, e com obras ouvidas duas ou três vezes, a gente faz como o colegial que releu várias vezes antes de dormir uma lição que julgava não saber e que

---

2. *No Caminho de Swann*, p. 232.
3. O narrador fala da doença degenerative descrita pela primeira vez pelo psiquiatra Alois Alzeimer em 1906.
4. *À Sombra das Raparigas em Flor*, p. 135.
5. Willemart, *Proust, Poeta e Psicanalista*, p. 217.

recita de cor na manhã seguinte. Somente que, até aquele dia, em nada tinha ouvido da referida sonata e ali onde Swann e a mulher viam uma frase distinta, esta se achava tão longe de minha percepção clara como um nome que se procura recordar, e em cujo lugar só se encontra o nada, um nada de onde uma hora mais tarde, sem que o pensemos, se lançarão por si mesmas, de um único salto, as sílabas inutilmente solicitadas antes[6].

A lembrança já foi registrada na memória na primeira escuta. É preciso apenas uma noite de sono ou uma segunda escuta, já que ela surge como um nome esquecido, o tempo de percorrer um longo caminho, o tempo que os neurônios se conectam, diria em termos de neurociência, ou que o pré-consciente chega à consciência, se retomarmos os termos freudianos. Além disso, a lembrança se constitui não apenas gradualmente, mas escolhe o que vem em primeiro lugar:

E não apenas somos incapazes de reter imediatamente as obras verdadeiramente raras, mas até no seio de cada uma dessas obras como me aconteceu com a sonata de Vinteuil, o que de início percebemos são exatamente as partes de menor valor. De sorte que eu não me enganava ao pensar que a obra não me reservava mais nada (o que fez com que eu ficasse muito tempo sem procurar ouvi-la), logo a Sra. Swann me executou a frase mais famosa (eu era nisso tão estúpido como aqueles que já não esperam sentir surpresa alguma diante de São Marcos de Veneza, porque a fotografia lhes dera a conhecer a forma de seus domos)[7].

Reencontramos aqui o pensamento do narrador sobre o contexto das obras de arte, quer num museu, quer numa galeria, pensamento ao qual aludi no segundo capítulo. Ver a obra numa foto ou num quadro da sala de jantar priva o espectador do essencial, a impressão e "o ato de espírito que os isola dela"[8].

---

6. *À Sombra das Raparigas em Flor*, p. 136.
7. *Idem, ibidem.*
8. Mas a nossa época, em tudo, tem a mania de só querer mostrar as coisas com o que as cerca na realidade, e, assim, suprimir o essencial, o ato do espírito, que dessa realidade as isolou. "Apresenta-se" um quadro no meio de móveis, de bi-

Em qual momento surge este ato do espírito num escritor que cobriu mais de 75 cadernos de rascunhos? Isto não pode acontecer num só ato como o leitor poderia pensar, mas numa série de atos que se encadeiam, como testemunha a admiração do narrador para o escultor da *Assunção da Virgem* da igreja de Balbec:

> A Virgem e os baixos-relevos onde se expõe sua vida constituem a expressão mais tenra e inspirada, desse longo poema de adoração e louvor que a Idade Média vai estendendo aos pés da Madona. Não pode imaginar, além de sua minuciosa exatidão para traduzir o texto sacro, quantos achados de delicadeza teve o velho escultor, que pensamentos profundos e que encantadora poesia![9]

Cada vez que o autor se manifesta na roda da escritura[10] e decide ir em frente, ele ratifica um ato do espírito ou um achado. Da mesmo maneira, uma obra musical complexa é composta por uma soma de partes diferentes mais ou menos geniais. Na primeira escuta, a obra se dá apenas "nas menos preciosas das partes" e nos convence que a conhecemos por inteiro, o que nos dispensaria de ouvi-la de novo. Não é o bom caminho.

Quando se me revelou o que se acha mais oculto na sonata de Vinteuil, já aquilo que distinguira e preferira no princípio começava a escapar-me, a fugir-me, arrastando pelo hábito, além de minha sensibilidade, o que eu distinguira e preferira da primeira vez[11].

O hábito erra ao esconder à sensibilidade as riquezas da melodia e mesmo ajudar o auditor em pular em cima das partes

---

belôs, de cortinas da mesma época, insípido cenário que a dona de casa mais ignorante até à véspera excele em armar, nos palacetes de hoje, depois de passar os dias nos arquivos e bibliotecas, cenário onde a obra-prima que olhamos durante o jantar não provoca a mesma inebriante alegria que só se lhe deve exigir numa sala de museu, a qual muito melhor simboliza, com sua nudez e despojamento de todas as particularidades, os espaços interiores onde o artista se abstraiu para criar (*À Sombra das Raparigas em Flor*, p. 268).

9. *Idem*, p. 493.
10. Willemart, *Psicanálise e Teoria Literária. O Tempo Lógico e as Rodas da Escritura e da Leitura*, São Paulo, Perspectiva, 2014, p. 3.
11. *À Sombra das Raparigas em Flor*, p. 136.

essenciais que teriam sido agradáveis. Portanto, é preciso saber colocar de lado o gosto inicial para ouvir

> [...] o que estas grandes obras-primas têm de melhor. [...] Por só ter podido amar em épocas sucessivas tudo quanto me trazia aquela sonata, nunca cheguei a possuí-la inteiramente: assemelhava-se a minha vida. Mas, menos decepcionantes que a vida, estas grandes obras-primas não começaram por nos dar o que têm de melhor. Na sonata de Vinteuil, [...] quando estas [as partes mais fracas] se afastaram, ainda nos fica, para amar, uma ou outra frase que, pela ordem demasiado nova para oferecer a nosso espírito nada mais que confusão, se nos tornara indiscernível e guardará intata para nós[12].

É um melômano que fala e não é a menor das qualidades do narrador. A ordem instaurada pelo que há de melhor, parece no início desordenada ao espírito. Qualificada de barulho ou sem harmonia na primeira, a percepção da ordem que perturba nossos hábitos não é sempre possível. É preciso aceitar outros critérios ou regularidades aos quais nosso espírito deve se submeter e "se acostumar"[13]. Ironia do espírito que não pode se impedir de procurar regularidades ou um certo determinismo, outro nome do hábito, para que possa se encontrar. Encontrar o estável na instabilidade ou, melhor ainda, descobrir o caminho que leva do instável para o estável parece ser o caminho adequado, aprendizagem que leva tempo e que exige várias escutas. O narrador já tinha evocado a recepção dos Cottard a esta desordem, inerente às obras novas quando ouviram a música de Vinteuil:

> Como o público só conhece, de encanto, da graça, das formas da natureza, o que aprendeu nos lugares-comuns de uma arte lentamente assimilada, e como um artista original começa por rejeitar esses lugares-comuns, o Sr. e a Sra. Cottard, imagem nisso, do público, não achavam nem a sonata de Vinteuil nem nos retratos do pintor o que para eles constituía a harmonia da música e a beleza da pintura. Quando o pianista tovaca a sonata, parecia-lhe que arrancava, ao acaso, do

---

12. *Idem*, pp. 136-137.
13. Imaginemos a primeira escuta *de Rhapsody in Blue* de Gershwin em 1924.

piano, notas que não se ligavam segundo as formas a que estavama habituados, como também lhe parecia que o pintor lançava ao acaso as suas cores na tela[14].

Em seguida, o herói estende sua reflexão para o grande público:

E esse tempo de que necessita um indivíduo – como aconteceu a mim com essa sonata – para penetrar uma obra um tanto profunda é como um resumo e símbolo dos anos e às vezes dos séculos que têm de transcorrer até que o público possa amar uma obra-prima verdadeiramente nova[15].

A distância entre o público e uma nova obra de gênio parece intransponível no começo. Será somente a força de repetições e de reconhecimento das impressões deixadas nos homens que as obras serão valorizadas. Em *O Tempo Redescoberto*, o narrador matizará sua afirmação e sublinhará o quanto o público pode apreciar uma obra que um crítico denegrirá.

Porque há maiores analogias entre a vida instintiva do público e o talento de um grande escritor, que não é senão um instinto religiosamente ouvido em meio ao silêncio a tudo o mais imposto, um instinto aperfeiçoado e compreendido, do que entre este e a verbosidade superficial, as normas flutuantes dos juízes oficiais[16].

A definição de público é bastante imprecisa no último volume, o narrador querendo apenas sublinhar seu desprezo para certa crítica. O herói precisa que

Há de ser a sua própria obra que, fecundando os poucos espíritos capazes de compreendê-la, os fará crescer e multiplicar [...] e ele dá em exemplo os quartetos de Beethoven: "Foram os próprios quartetos de Beethoven (os de número XII, XIII, XIV e XV) que levaram cinquenta

---

14. *No Caminho de Swann*, p. 267.
15. *À Sombra das Raparigas em Flor*, p. 137.
16. *O Tempo Redescoberto*, p. 238.

anos para dar vida e número ao público dos quartetos de Beethoven, realizando esse modo, como todas as grandes obras, um progresso, senão no valor dos artistas, pelo menos na sociedade dos espíritos, largamente constituída hoje pelo que era impossível encontrar quando a obra-prima apareceu, isto é, criaturas capazes de amá-la[17].

O herói que se tornou narrador se pergunta, em seguida, como fazer para que uma nova obra seja amada e como fabricar sua posteridade?

Cumpre, pois, que o artista – e assim o fizera Vinteuil –, se quiser que sua obra possa seguir seu caminho, a lance onde haja bastante profundidade, em pleno e remoto futuro. E contudo, se o fato de não levar em conta esse tempo vindouro, verdadeira perspectiva das grandes obras, constitui o erro dos maus juízes, o levá-lo em conta constitui muita vez o perigoso escrúpulo dos juízes bons[18].

Fora o salão Verdurin, *A Busca do Tempo Perdido* dá poucos índices sobre a penetração da obra de Vinteuil na sociedade dos espírito:

Swann apenas se inteirou de que o recente aparecimento da sonata de Vinteuil causava grande impressão numa escola de tendência muito avançada, mas era completamente desconhecida do grande publico[19].
Ora, se a *Sonate* de Vinteuil permanecia inteiramente incompreendida e quase desconhecida e, seu nome, pronunciado como o do maior compositor contemporâneo, exercia um prestígio extraordinário[20].

Uma nova obra não pode omitir a tradição como desejariam os vanguardistas, que esquecem que foi preciso uma longa assimilação ou numerosas revoluções ao redor de suas obras antes que Hugo convivesse com Molière no firmamento dos artistas e que mesmo se algum profeta determinou a genialidade de uma obra, não quer dizer que ficará na História. O escritor Proust é

17. *À Sombra das Raparigas em Flor,* pp. 137-138.
18. *Idem, ibidem.*
19. *No Caminho de Swann,* p. 267.
20. *Sodoma e Gomorra,* p. 316.

o próprio testemunha disso. Admirou quantos autores, hoje ignorados, dos quais os menos desconhecidos são Anatole France (1840-1924) e Pierre Loti (1850-1923), mas outros desapareceram dos manuais e são objetos de pesquisa apenas de especialistas como Robert d'Humières (1868-1915)[21], Gabriel Trarieux (1879-1940)[22], Jules Lemaître (1853-1914)[23] etc.

Em outras palavras, a posteridade não depende tanto dos contemporâneos, mas da imersão lenta e segura da obra nas camadas profundas da cultura.

> Se não compreendi a sonata, fiquei encantado de ouvir a Sra. Swann tocar. Sua execução me parecia, como seu penhoar, como o perfume de sua escadaria, como sua capa, como seus crisântemos, fazer parte de um todo individual e misterioso, num mundo infinitamente superior àquele em que a razão pode analisar o talento[24].

O herói insiste na primazia das impressões descrevendo o meio ou o contexto no qual toca a Sra. Swann. É o mundo do espírito bem diferente do da razão que envolve as sensações, a vista, o sentir, em outras palavras, o mundo misteriosos do amor que o ligava à Sra. Swann.

Em seguida, deixando falar Swann, o que é bastante raro *Em Busca do Tempo Perdido*, o herói vai segui-lo na sua maneira de entender uma melodia como preconizava acima o narrador, isto é, não *memorizar* a melodia, mas procurar lembrar as impressões ressentidas para constituir sua lembrança:

> Não é mesmo linda essa sonata de Vinteuil? – disse-me Swann. – Esse momento noturno sob as árvores, em que os arpejos do violino derramam o frescor... Confesse que é muito bonito; está aí todo o lado estático do luar, que é o essencial. Não é nada extraordinário que um cuidado de luz como o segue minha mulher, possa agir sobre os mús-

---

21. D. Kalifa, et. al., *La civilisation du journal*, Paris, Nouveau Monde, 2010, p. 157, *apud* Yuri Cerqueira dos Anjos, Relatório de Qualificação, p. 50.
22. *Idem*, p. 65.
23. *Idem*, p. 85.
24. *À Sombra das Raparigas em Flor*, p. 139.

culos, visto que o luar impede as folhas de se moveram. É isto que está tão bem descrito nessa pequena frase, é o Bois de Boulogne em estado cataléptico. [...] Mas na pequena frase de Vinteuil e, aliás, em toda a sonata, não há nada disso, tudo se passa no Bois e no grupeto[25] ouve-se distintamente a voz de alguém que diz: "– Quase que se pode ler o jornal"[26].

A leitura de Swann é bastante enigmática. No luar, Swann ouve uma frase banal que comenta "a cura de luz" de nosso satélite. Sinestesia total: a melodia misturada com a luz deixa ouvir uma frase da linguagem natural. Entendemos a perplexidade do narrador:

> Estas palavras de Swann poderiam falsear, para mais tarde, a minha compreensão da sonata, pois a música é muito pouco exclusiva para afastar de modo absoluto o que nos sugere o que busquemos nela. Mas, por outras palavras de Swann, compreendi que essas folhagens noturnas eram simplesmente aquelas debaixo dos quais ouvira por muitas noites, em vários restaurantes dos arredores de Paris, a pequena frase[27].

A pequena frase lembrava apenas a Swann o contexto no qual tinha ouvido a melodia que provavelmente já era bastante conhecida por ser tocada em restaurantes cerca de Paris, contrariamente ao que é dito acima sobre sua pouca divulgação. Mas ela lhe lembrava também um gozo anterior não vivido por causa de seu ciúme:

> Em vez do sentido profundo que Swann tantas vezes lhe pedira, o que a frase lhe trazia eram essas folhagens arranjadas e pintadas em torno dela (e que ela lhe dava o desejo de rever porque parecia ser uma coisa interior a essas folhagens, como uma alma), era toda uma primavera que não conseguira gozar outrora, porque febril e mortifi-

---

25. O *gruppetto* é um ornamento melódico formado por um grupo rápida de algumas notas (Proust, "Notes et Variantes", *A l'ombre des jeunes filles en fleurs*, p. 1379).
26. *À Sombra das Raparigas em Flor*, p. 139.
27. *Idem*, pp. 139-140.

cado como estava, faltava-lhe então o bem-estar necessário e que ela lhe havia guardado, como se preparam para um doente, as boas coisas que ele não pode comer[28].

No primeiro volume, o sentido profundo da sonata não é exigido mas recusado por Swann que nem queria saber:

[...] tudo o que havia de doloroso, talvez mesmo de secretamente intranquilo no fundo da doçura da frase, mas não sofria [...] a tristeza que ela expandia, sentia passar sobre si, mas como uma carícia que tornava mais profundo e suave o sentimento que tinha de sua felicidade[29].

Neste volume, a sonata não lhe fala mais de tristeza, mas de encanto. A impressões ressentidas na época sumiram:

Repare que a frase de Vinteuil só me mostrava aquilo a que eu não prestava atenção naquele tempo. De meus cuidados, de meus amores dessa época daquele tempo, ela nada mais; fez uma troca.

Troca do quê? Em vez destes momentos vividos com Odette, a pequena frase lhe faz observar

Que é bonito no fundo – disse Swann – que o som possa refletir, como a água, ou como um espelho... [...] o que a música mostra – pelo menos pra mim –, não é absolutamente a "vontade em si" e a "síntese do infinito", mas, por exemplo, o velho Verdurin de redingote no Palmário do Jardim da Aclimação[30].

---

28. *Idem*, p. 140.
29. *No Caminho de Swann*, p. 295 e meu comentário: "Do gozo ouvido emanam ao mesmo tempo um saber e uma carícia triste que reforçam o narcisismo do sujeito feliz com sua situação. No entanto, a carícia se contenta em roçar Swann. Não é mais a alma que passa pelo filtro do som mas é a qualidade mais profunda da melodia, a dor, que emerge da doçura e atinge pelo tato o sujeito que ouve. Nesse leve contato, Swann como se não quisesse deixar-se atingir, ou melhor, como se sentisse a verdade inerente a esse derramamento, 'o amor é fraco', fecha-se tal um caracol numa concha e saboreia a felicidade. Swann escuta o gozo da alma, entende o sentido dele, mas o ignora" (Willemart, *Proust, Poeta e Psicanalista*, p. 78).
30. *À Sombra das Raparigas em Flor*, p. 140.

A pequena frase se faz reflexo do contexto no qual foi ouvida e não objeto de uma reflexão filosófico (de origem shopenhaueriana) como desejaria provavelmente o embaixador Norpois. Não podemos nos contentar, entretanto, com uma música espelho. Ou será que há outra maneira de ouvir uma melodia *Em Busca do Tempo Perdido*?

Sim, se relembrarmos da interpretação do Narrador que descreve as impressões ressentidas por Swann quando das primeiras escutas da pequena frase:

> Sabia que até a própria lembrança do piano falseava ainda o plano em que via as coisas da música, que o campo aberto ao músico não é um mesquinho teclado de sete notas, mas um teclado incomensurável, ainda quase completamente desconhecido, onde apenas aqui e ali, separados por espessas trevas inexploradas, alguns dos milhões de teclas de ternura, de paixão, de coragem, de serenidade que o compõem, cada qual tão diferente das outras como um universo de outro universo, foram descobertas por alguns grandes artistas que, despertando em nós o correspondente do tema que encontraram, nos prestam o serviço de mostrar-nos que riqueza, que variedade oculta, sem que sabermos, esconde essa grande noite indevassada e desalentadora da nossa alma que nós consideramos como vácuo e nada. Vinteuil fora um desses músicos. Na sua pequena frase, embora apresentasse à razão uma superfície obscura, sentia-se um conteúdo tão consistente, tão explícito, ao qual emprestava uma força tão nova, tão original, que aqueles que a tinham ouvido a conservavam em si no mesmo plano que as ideias do entendimento[31].

---

31. *No Caminho de Swann*, p. 419.

13
Entre o Escritor e o Autor: Bergotte

O herói é convidado pelos Swann para um almoço de gala com aquele que chamava "o divino velho" ou "o suave Cantor", mas qual não foi sua surpresa encontrar sob o nome de Bergotte "um homem moço, rude, baixo, reforçado e míope, de nariz vermelho em forma de caramujo e barbicha negra"[1]. Logo, ele reage como teria feito Sainte-Beuve:

> Eu estava mortalmente triste, porque o que acabava de reduzir-se a pó não era apenas o langoroso velho, de que nada mais restava, era também a beleza de uma obra imensa que eu pudera alojar no orga-

---

1. *À Sombra das Raparigas em Flor*, p. 156. Esta primeira reação aparece desde o *Caderno 14*: "Não tive um instante a ideia de um mortel tão sábio, tão doce, tão nobremente sentencioso possa ser outra coisa do que um velho instruído pelo sofrimento e a vida" (51 r° à 54 r° e no final em 53 v°; o parágrafo é rasurado em vermelho) (Bernard Brun, "Inventaire do Cahier 14", *Bulletin d'informações proustiananes* [BIP], Paris, Presses de l'Ecole Normale Supérieure, 1982, 13, p. 54).

nismo desfalecente e sagrado que construíra como um templo expressamente para ela[2].

Por que pensar que Bergotte é um velho ou um suave Cantor? Começa assim uma decantação do escritor e a aprendizagem do herói sobre a não equivalência entre a obra e seu autor. Nenhuma relação entre "um certo gênero de espírito ativo e satisfeito consigo mesmo" e "a espécie de inteligência que se difundia naqueles livros tão meus conhecidos e penetrados de uma suave e divina sabedoria"[3]. A partir de seu aspecto exterior, o herói concluiria que ele revela mais "alguma mentalidade de engenheiro apressado" (que a de um autor). [...] "Seu obra não me parecia tão inevitável"[4].

O herói se pergunta em seguida o que prova a originalidade de um autor.

Perguntei-me então se a originalidade prova realmente que os grandes escritores sejam deuses, cada um senhor de um reino independente e exclusivamente seu, ou se não haverá nisto algo de fingimento e as diferenças entre as obras não serão antes uma resultante do trabalho que expressão de um diferença radical de essência entre diversas personalidades[5].

A originalidade não está tingida de mentira ou de um "como se" e a segunda pergunta, será que a escritura é o resultado de um trabalho ardiloso ou a expressão do homem escritor, diferente para cada um? O herói, ainda sainte-beuviano, desejaria que tivesse uma equivalência entre o que ele chama a essência do escritor e sua obra, mas a vista de Bergotte em carne e osso, o faz duvidar e o torna desconfiado. Ele suspeita um fingimento e se dá conta do trabalho exigido pela escritura, ele que se tornando narrador, teve que preencher 75 cadernos de rascunhos.

2. *Idem, ibidem.*
3. *Idem*, p. 157.
4. *Idem*, p. 158.
5. *Idem, ibidem.*

Quanto ao fingimento, faz parte da ficção e o escritor Proust muitas vezes o reconheceu. Entretanto, o herói tenta entender a diferença de outro ponto de vista.

[Bergotte] Tinha uma voz realmente estranha; pois não há nada que altere tanto as qualidades materiais da voz como possuir um conteúdo de pensamento: isso influi na sonoridade dos ditongos e na energia das labiais. O mesmo acontece com a dicção. A sua me parecia completamente diferente de seu modo de escrever, e até as coisas que dizia das que se continham em suas obras. Mas, a voz surge de uma máscara e não tem bastante força para revelar-nos, por detrás dessa máscara, um rosto que soubemos ver no estilo sem nenhum disfarce[6].

O narrador/herói começa uma verdadeira análise da relação entre a voz e o estilo da escritura de Bergotte. Conter pensamento não parece habitual à voz e a deforma tanto mais que ela é mascarada por um rosto diferente do transmitido pelo estilo. A voz e a máscara do rosto deformariam o pensamento e até um certo ponto impediriam fazer a junção entre o que é dito e o estilo da escritura. Com o tempo, no entanto,

[...] via ele, no que dizia, uma beleza plástica independente do significado das frases, e, como a palavra humana está em relação com a alma, mas sem expressá-la como faz o estilo, Bergotte parecia falar quase independentemente do sentido, salmodiando certas frases, e, se perseguia através delas uma única imagem, enfiando-as sem intervalo como um mesmo som, com fatigante monotonia. De sorte que uma dicção pretensiosa, enfática e monótona, era o signo da qualidade estética do que dizia, e na sua conversação vinha a ser o efeito daquela mesma força que nos seus livros originava a continuidade das imagens e a harmonia[7].

O suave Cantor se justifica neste trecho já que Bergotte "salmodia algumas palavras" embaixo das quais corra uma só imagem. O segredo da monotonia é, portanto, devido à "beleza

---

6. Idem, p. 159. Minha leitura recorta em muitos pontos a análise minuciosa de Jean Milly em *A Phrase de Proust*, Paris, Larousse, 1975, pp. 22-54.
7. Idem, p. 159.

plástica independente da significação" que subentende o débito das palavras. Associo o subentendido ao S^1 lacaniano, salvo que aqui corre sob as palavras algo que não é vazio e que não tem ligação imediata com a superfície. Não são as palavras sob as palavras descobertas por Saussure na poesia latina, mas uma relação entre a monotonia e a qualidade estética do subentendido. O herói aprofunda neste trecho a relação entre o débito monótono e a estética quando escutava a Berma.

O narrador tenta em seguida definir o verdadeiro Bergotte diferente do "gênero Bergotte" que "muitos críticos se apropriaram".

Devia-se tal diferença de estilo a que "o Bergotte" era antes de tudo certo elemento precioso e real, oculto no coração das coisas e de onde aquele grande escritor o extraía graças ao seu gênio, extração esta que era a finalidade do suave Cantor e não de "fazer Bergotte" [...], cada nova beleza da sua obra era a pequena parcela de Bergotte oculto numa coisa e ele dali retirava[8].

Em *O Tempo Redescoberto*, o narrador compara seu ofício ao de um minerador[9]. Da mesma maneira, o papel de Bergotte consiste em descobrir e extrair a beleza que poderíamos calcular em unidade Bergotte. Chamo unidades as decisões sucessivas do autor após cada rasura que, podem ou não, representar o gênio. A arte não é a expressão de um indivíduo, mas nasce da relação especial entre o escritor e cada coisa.

Mas embora cada uma dessas belezas estivesse assim aparentada com as outras e fosse reconhecível, permanecia no entanto particular, como a descoberta que a trouxera à luz; nova, e portanto diferente do que se chamou o gênero Bergotte, que era uma vaga síntese dos Bergottes já encontrados e redigidos por ele, mas pelos quais não era dado a nenhum homem em gênio adivinhar o que Bergotte iria ainda descobrir. É o que se dá com todos os grandes escritores: a beleza de

---

8. *Idem*, p. 160.
9. "Eu tinha certeza de que meu cérebro constituía uma rica zona de mineração, com jazidas preciosas, extensas e várias. Mas teria tempo de explorá-las" (*O Tempo Redescoberto*, p. 393).

suas frases é imprevisível, como a de uma mulher que ainda não conhecemos; é criação porque se aplica a um objeto exterior em que eles pensam – e não a si – e que ainda não expressaram[10].

Nenhum traço de estilo parece um outro, mas vindo do mesmo autor tem uma ar de família que os detecta. A criação se distingue não apenas por sua unicidade e sua imprevisibilidade, mas sobretudo porque se aplica a um objeto exterior. Insistindo na relação com um objeto fora dele mesmo, o narrador diminui a importância da biografia e do narcisismo que lhe é inerente, e chega a Freud que escrevia em 1916:

> O verdadeiro artista sabe dar a seus devaneios uma forma tal que eles perdem o caráter pessoal suscetível de afastar os estrangeiros e se tornar uma fonte de gozo para os outros. Sabe também embeleza-los para dissimular completamente sua origem suspeita[11].

A relação do pensamento à realidade nutria sua linguagem:

> E assim – da mesma forma como a dicção de Bergotte teria sem dúvida encantado se ele próprio não passasse de algum amador a recitar pretenso Bergotte, ao passo que estava ligada ao pensamento de Bergotte em trabalhado e em ação por elos vitais que o ouvido não aprendia imediatamente –, assim também, por Bergotte aplicar com precisão esse pensamento à realidade que lhe agradava, é que sua linguagem tinha qualquer coisa de positivo, de muito substancioso, que decepcionava os que esperavam ouvi-lo apenas falar da "eterna corrente das aparências" e dos "misteriosos frêmitos da beleza"[12].

O pensamento não passa imediatamente quando o escritor fala, contrariamente ao que é constatado quando ele é lido. A escritura neste sentido seria superior ao discurso oral? A voz ainda seria um obstáculo a mais para a compreensão segundo

---

10. À Sombra das Raparigas em Flor, p. 160.
11. Freud, *Introduction à la Psychanalyse*, 1916 citado por Baldine Saint-Girons, *Vico, Freud et Lacan: de la science des universaux fantastiques à celle des formations de l'inconscient*, <http://noesis.revues.org/114>.
12. À Sombra das Raparigas em Flor, p. 161.

o narrador? O que diria ele do discurso associativo da psicanálise, no qual a voz leva o analisando a regiões desconhecidas e muitas vezes pouco compreensíveis? No divã, a dificuldade não é a escuta, mas a leitura do que ela atinge no inconsciente do analisando. Escutando Bergotte, a dificuldade é outra:

> Enfim, a qualidade sempre rara e nova do que ele escrevia traduzia-se na sua conversa por um modo tão sutil de abordar uma questão, negligenciando todos os seus aspectos já conhecidos, que parecia tomá-la por um lado mesquinho, achar-se enganado, estar fazendo paradoxos, e assim suas ideias pareciam geralmente confusas pois cada qual considera claras as ideias que estão no mesmo grau de confusão que as suas[13].

Mesmo na conversa, Bergotte se quer inovador e confunde seu ouvinte porque evita os lugares-comuns compreendidos por todos, embora "eles haviam sido outrora imagens difíceis de apanhar quando o ouvinte ainda não conhecia o universo que pintavam"[14], é o que Nietzsche já sustentava após Vico[15].

O narrador retoma o discurso que tinha tido sobre a música e o aplica à linguagem.

> As palavras irreconhecíveis surgidas da máscara que eu tinha ante os olhos pertenciam mesmo áo escritor que eu admirava, mas não seria possível inseri-la em seus livros como peças de um quebra-cabeça que se encaixam entre outras, pois estavam em plano diferente e requeriam determinada transposição, mediante a qual, num dia em que repetia comigo as frases ouvidas a Bergotte, nelas, encontrei toda a armação de seu estilo escrito, cujas diferentes peças pude reconhecer e nomear naquele oração falada que me parecera tão diferente[16].

As relações entre a escrita e o oral em Bergotte são mais claras: a sintaxe ou a armadura é a mesma nos dois discursos, mas

---

13. *Idem, ibidem.*
14. *Idem,* p. 162.
15. "As verdades são ilusões que esquecemos o que são, metáforas que gastas, perderam sua força sensível, moedas que perderam seu desenho." Saint-Girons (*Idem, ibidem*).
16. *Idem, ibidem.*

o discurso oral sofre de faltas ou de vazios que tampariam os lugares-comuns ausentes que todos entenderiam. Bergotte anunciaria novas coisas somente quando fala?

De um ponto de vista acessório, a maneira especial, talvez minuciosa e intensa em demasia, que tinha ele de pronunciar certas palavras, certos adjetivos que lhe ocorriam seguidamente na conversação, e que não dizia sem alguma ênfase, ressaltando todas as sílabas e fazendo cantar a última (como quanto à palavra *visage*, que empregava sempre em lugar de *figure*, e a que acrescentava um grande número de *vv*, de *ss*, de *gg*, que pareciam todos explodir de sua mão aberta em tais momentos), correspondia exatamente ao belo lugar em que ele colocava na sua prosa as palavras prediletas, precedidas de uma espécie de margem e compostas de tal modo no número total da frase, que se era obrigado a contá-la em toda a sua "quantidade", sob pena de cometer uma falta de medida[17].

A aproximação entre o discurso oral e escrito não incide apenas na sintaxe, mas também nas palavras amadas. A pronúncia ritmada e completa de certas palavras sublinha seu valor na prosa cuja leitura deve ser poética e oral e não silenciosa.

Mas não se encontrava na linguagem de Bergotte esta espécie de iluminação que nos seus livros, como em alguns dos outros, fica muita vez na frase escrita a aparência dos vocábulos. É que, provém de certo de grandes profundezas e não traz seus raios até as nossas palavras, nas horas em que, abertos aos outros pela conversação, estamos até certa medida fechados para nós mesmos. A este respeito, havia mais entonações, mais acento, nos seus escritos do que nas suas palavras; acento independente da beleza do estilo, que o próprio autor sem dúvida não percebeu, pois não é separável de sua mais íntima personalidade[18].

O narrador continua como bom mineiro em escavar as diferentes camadas da prosa muito mais rica do que o discurso oral, iluminado por um sol que, contrariamente a nosso astro, vem das profundezas, mas sem força suficiente para atingir a voz.

17. *Idem*, p. 162.
18. *Idem, ibidem.*

Duas perguntas se colocam. Será que ele alude a um espécie de inconsciente que dificilmente passa na linguagem oral salvo em associações livres? Poderíamos pensá-lo tanto mais que ele separa nitidamente a beleza do estilo desta iluminação ou deste sotaque, característica deste a mais, vindo da intimidade do escritor, ou melhor ainda, de sua pulsão invocante. Neste caso, eu poderia aproximar esta acentuação dos efeitos do conceito lacaniano de alíngua que salienta a música das palavras[19].

Segunda pergunta: o narrador hesitou sobre a proveniência deste impulso já que nos rascunhos, vem da memória do leitor[20] que, amoroso do texto ouviria esta música das palavras?

Embora o narrador tenha optado por uma origem vinda do estilo do escritor, entendo suas dúvidas. Saussure também tinha observado um subdiscurso na poesia latina e tinha acreditado que se tratava de uma lei do bem escrever, mas tinha desencantado sem encontrar uma solução suficientemente clara. Revezando sua inquietude, tinha ousado sustentar que era preciso

---

19. "Mas o inconsciente é um saber, um saber-fazer com a alíngua. [...] É porque há o inconsciente, isto é, alingua no que é por coabitação com ela que se define um ser chamado falante, que o significante pode ser chamado a fazer sinal, a constituir signo" (Lacan, *O Seminário, Livro 20, Ainda*, Rio, Zahar, 1985, p. 190 e 194) e "Alingua é feita de qualquer coisa, do que circula nos banheiros como nos salões. O mal-entendido está presente em todas as páginas, porque tudo pode fazer sentido, imaginaria, com um pouco de boa vontade. Mal-entendido é a palavra certa. Ele diz *dire* ou *Dieu?*, *croate* ou *cravate*? *Wat ist das*? A homofonia é o motor dálingua. É porque, imagino, Lacan não achou melhor para caracterizar alíngua do que evocar seu sistema fonemático" (Jacques-Alain Miller, "Théorie Dalangue", *Ornicar*, Paris, O Graphe, 1975, 1, p. 32).
20. O texto publicado parece pronto entre o outono 1912 e a primavera 1912. No texto que segue de 1910-1911, o narrador não é também radical sobre a excelência da escritura de Bergotte e se pergunta se a iluminação não vinha da sua memória e não do texto de Bergotte: "Na ideia que me fazia agora do talento de Bergotte, tinha tão pouco retido o tipo de beleza que tinha considerado como o mais precioso florão, que reencontrando essas frases, perguntava-me se elas não eram parecidas com o resto do texto e se não era apenas uma luz, parte do fundo de minha memória que as isolava, as esculpia assim em uma natureza mais bonita, amada e misteriosa" (*Caderno 57*, fólio 37, *Matinée chez la Princesse de Guermantes. Cahiers du Temps Retrouvé* [ed. crítica estabelecida por Henri Bonnet em colaboração com Bernard Brun], Paris, Gallimard, p. 182).

se colocar de lado do leitor e não do poeta para entender o subdiscurso[21].

Por outro lado, o narrador não confunde a iluminação com a beleza do estilo, embora decorra dela se nos reportamos a *O Tempo Redescoberto*:

[...] pois o estilo para o escritor como a cor para o pintor é um problema não de técnica mas de visão. É a revelação, impossível por meios diretos e conscientes, da diferença qualitativa decorrente da maneira pela qual encaramos o mundo, diferença que, sem a arte, seria o eterno segredo de cada um de nós. [...] O trabalho feito pelo amor próprio, pela paixão, pelo espírito de imitação, pela inteligência abstrata, pelos hábitos é o que há de desmanchar a arte, na marcha em sentido contrário, na volta que nos fará empreender aos abismos onde jaz ignorado de nós o que realmente existiu. Grande tentação, sem dúvida, a de recriar a verdadeira vida, de rejuvenescer as impressões[22].

A hesitação do narrador se confirma, no entanto, de uma certa maneira, já que constata a invisibilidade deste acento:

Era esse acento que nos momentos em que nos seus livros ritmava as palavras muita vez assaz insignificantes que ele então escrevia. Este acento não é notado no texto, nada aí o indica e, no entanto, ajunta-se por si mesmo às frases, não podendo dizê-las de outro modo; e é que havia de mais efêmero e contudo de mais profundo no escritor, e é o que dará testemunho da sua natureza que dirá se, apesar de todas as durezas que expressou, era ele brando, apesar de todas as sensualidades, sentimental[23].

O acento marcado pelo ritmo ou a cadência se escuta naturalmente sem fazer muito esforço e forma uma camada musical que subentende a escritura. Mantendo as marcas do escritor, o narrador justifica o nome do suave Cantor e a qualidade sentimental, apesar das observações de Norpois a respeito das aven-

---

21. Willemart, *A Pequena Letra,* São Paulo, Annablume, 1995, p. 207.
22. *O Tempo Redescoberto*, pp. 240-241.
23. *À Sombra das Raparigas em Flor*, p. 163.

turas amorosas de Bergotte. Este ritmo pertence seguramente ao escritor e está ligado à pulsão invocante, profundamente ancorada na dimensão inconsciente do discurso.

Certas particularidades de elocução que existiam no estado de breves traços na conversação de Bergotte, não lhe pertenciam exclusivamente, pois, quando mais tarde conheci seus irmãos e irmãs, fui encontrá-las muito mais pronunciadas nestes últimos[24].

O narrador vai mais longe ainda na sua elaboração e reencontra essa qualidade rítmica na família, como testemunha também Swann.

Não poderiam nomear "alíngua" "estas inflexões de algo modo familiais, uma vez gritos de violenta alegria, outras vezes murmúrios de uma lenta melancolia", sabendo todavia que Lacan considerou sempre a alíngua como sendo individual?

Lembremos outra definição do conceito que aquela citada acima:

> Nas suas conferências em Sainte-Anne em 1972[25], Lacan inventa o conceito de *alíngua* para designar o que, sob a elucubração de saber que é a linguagem articulada, constitui o "caldo" da matéria sonora que não acompanha o corte linguístico das palavras e das leis da sintaxe. A alíngua "implica o gozo que está depositado nela"[26] mas não atrai por isso a comunicação com o outro. Ela pode ser material para uma mensagem sem dialética, talvez sem sentido como na alucinação psicótica[27].

O narrador inova em relação à psicanálise inventando uma dimensão não apenas sociológica, mas temporal à alíngua. O

---

24. *Idem, ibidem.*
25. Lacan, "O Saber do Psychanalyste", 10 de maio de 1972 e *O Seminário, Livro 20*, op. cit.
26. Lacan, *A Terceira*, versão Élide Valarini, revisão Alduisio Moreira de Souza, São Paulo, Escola Freudiana de São Paulo, 1981, p. 16.
27. Amirault Monique, Cottet Serge, Quénardel Claude, Roch Marie-Hélène, Pernot, Pascal (plus-un et rédacteur), *Du sujet de l'inconscient au parlêtre.* <http://lacausefreudienne.net/etudier/essential/do-sujeito-de-l-inconscient-au-parletre.html>.

narrador reconhece que "este barulho" não sobrevive normalmente, salvo em Bergotte já que "transpusera e fizera em sua prosa essa maneira de arrastar as palavras que se repetem em brados de alegria ou que se esgotam em tristes suspiros"[28]. Mas a sobrevivência não acontece no seu discurso oral:

> Mas quanto a ele, a partir do momento em que o transportou para seus livros, deixou inconscientemente de utilizá-los em suas palavras. No dia em que começara a escrever e, com maior razão, mais tarde, quando o conheci, a sua voz se havia desorquestrado deles para sempre[29],

como se esta capacidade fosse a sentido único e não pudesse servir ao mesmo tempo à língua oral e à escritura.

Após ter tomado como exemplo a lâmpada elétrica e o automóvel que, transformando e transpondo a luz em calor e a corrida por terra em força ascensional, o narrador define o gênio:

> Assim, os que produzem obras geniais não são aqueles que vivem no meio mais delicado, que têm a conversação mais brilhante, a cultura mais extensa, mas os que tiveram o poder, cessando subitamente de viver para si mesmos, de tornar a sua personalidade igual a um espelho, de tal modo que sua vida, aí se reflete, por mais medíocre que alias pudesse ser mundanamente e até, em certo sentido, intelectualmente falando, o gênio consiste no poder refletor e não na qualidade intrínseca do espetáculo refletido[30].

O narrador continua insistindo na diferença entre o escritor e o autor. Lembremos o que se dizia de Molière que, quando convidado, ficava mudo e pouco simpático e também a famosa definição de Stendhal: "um romance é um espelho que anda na estrada"[31].

---

28. *Idem*, pp. 163-164.
29. *Idem*, p. 164 e a análise de Jean Milly em *La phrase de Proust*, pp. 27-35.
30. *Idem*, p. 165.
31. "Eh, meu senhor, um romance é um espelho que passeia na estrada. Às vezes, ele reflete nos seus olhos o azul dos céus, as vezes, tantôt os lamaçais da estrada. E o homem que tem o espelho na sua cesta será para você acusado de ser imoral!

Observamos que a diferença está no sujeito da proposição, não é mais um espelho que anda, mas a personalidade do escritor que se torna espelho. O espetáculo é o mesmo, mas a qualidade do espelho define o gênio. Mais o artista se faz espelho, ou mais sua sensibilidade se exerce, mais ele se aproxima do gênio. De mesmo modo, para o crítico, mais ele refletirá e saberá não retomar seus antecessores, mas se fazer espelho de todos os interstícios da escritura analisada, mais sua crítica será justa. Sem esquecer, no entanto, o sol interno definido acima que, com seu brilho, dará tanto ao escritor quanto ao crítico, um ponto de vista original e inédito.

O longo trecho sobre Bergotte termina com dizeres malévolos sobre Norpois que Swann repreende, mas o narrador retomando a antítese do início entre o homem da barbicha e o suave Cantor percebe relações de submissão um ao outro já que, na sua vida de todos os dias, Bergotte podia imitar a bondade de suas personagens:

> Talvez quanto mais o grande escritor se desenvolvia em Bergotte, à custa do homem da barbicha, tanto mais a sua vida individual se afogava na correnteza de todas as vidas que ele imaginava, não mais parecendo obrigá-lo a deveres efetivos, os quais eram substituídos pelo dever de imaginar outras vidas. Mas, ao mesmo tempo, como imaginava os sentimentos dos outros tão bem como se fossem seus, quando lhe acontecia ter de dirigir-se a um infeliz, pelo menos de passagem, fazia-o colocando-se não no seu ponto de vista pessoal, mas no da criatura que sofria, ponto de vista em que lhe causaria horror a linguagem dos que continuam a pensar em seus pequenos interesses diante da dor alheia. De forma que provocou em torno de si justificados rancores e inextinguíveis gratidões[32].

Seu espelho mostra o lamaçal, e você acusa o espelho! Acusais de preferência o lamaçal, e mais ainda o inspector das estradas que deixa a água estagnar e o lamaçal se formar" (Stendhal, *Le Rouge et le Noir*, Chap. XIX, p. 856 [Ve]).

32. *À Sombra das Raparigas em Flor*, pp. 169-170.

PARTE II
Acréscimos à Roda da Escritura

1

A Roda da Escritura

Várias vezes citei a roda da escritura sem explicar seus contornos. Assim, para o leitor que não teve acesso ao penúltimo nem ao último livro, ambos publicados na Perspectiva[1], apresentarei rapidamente a roda nesta segunda parte acrescentando alguns elementos provindos da leitura de *À Sombra das Raparigas em Flor* e da obra de Henry Bauchau que não somente age como um psicanalista, mas que defende francamente o aporte do inconsciente à escritura.

Desde o advento da psicanálise, as categorias literárias são questionadas e, particularmente, a instância do autor. Quem escreve? O escritor ou o autor? Jacques Derrida já declarava: "O sujeito da escritura não existe se entendemos por isso qualquer solidão soberana do escritor. O sujeito da escritura é um sistema de relações entre as camadas:

---

1. Willemart, *Os Processos de Criação na Escritura, na Arte e na Psicanálise*. São Paulo, Perspectiva, 2009 e *Psicanalise e Teoria Literária. O Tempo Lógico e as Rodas da Escritura e da Leitura*, Perspectiva, 2014.

do bloco mágico (analisado por Freud), do psíquico, da sociedade, do mundo. Nesta cena, a simplicidade pontual do sujeito clássico não é encontrável[2].

A RODA DA ESCRITURA E AS PULSÕES

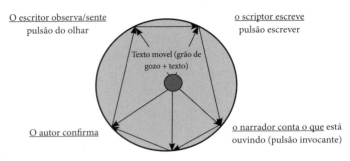

Estudando o manuscrito, constatamos que quem começa a escritura não é quem entrega o manuscrito ao editor; distinguimos, assim, as duas instâncias, do escritor e do autor, que se opõem no tempo e na escritura. Cada rasura implica um distanciamento progressivo do escritor e a lenta formação do autor.

O autor é, portanto, fruto da escritura e não o seu "pai", como se pensa habitualmente. Machado é gerado por *Brás Cubas*, Rosa por *Grande Sertão: Veredas*, Mário de Andrade por *Macunaíma* etc.

No decorrer das campanhas de redação, a instância do autor, rascunhando e destruindo o que vem espontaneamente na cabeça do escritor, entra num processo de negação ou de denegação das origens, confirmando o que sublinha Julien Gracq: "o trabalho da arte não gera nada, ele traz em si mesmo uma rejeição implícita de sua filiação"[3].

---

2. Jacques Derrida, *L'écriture et la différence*, Paris, Seuil, 1967, p. 355.
3. Julien Gracq e Bernhild Boie, *Genesis*, Paris, Jean-Michel Place, 2001, 17, p. 182.

A rejeição de palavras, parágrafos, até de capítulos, é parecida com a formação do sujeito freudiano que, por um processo inconsciente de rejeição e de aceitação, se libera ou aceita qualidades ou maneiras de viver e de pensar provenientes de familiares. No decorrer da escritura operam cinco instâncias: escritor, *scriptor*, narrador, releitor e autor, cada uma situada num ponto de um trapézio inserido na roda. As cinco instâncias agem, cada uma por sua vez, construindo a escritura a cada rasura. Portanto, a rasura não se define somente como a negação do passado e da filiação, mas como a porta de entrada do futuro e da criação[4].

No primeiro capítulo, a mistura das instâncias surpreende o crítico:

Mas ao mesmo tempo, o escritor entra na ficção, se faz personagem no mesmo pé que Norpois já que ouviu, senão participou da conversa. A instância narrativa não se traía aqui tomando partes dos dois lados? Atravessando a fronteira entre o mundo empírico e a ficção a seu bel-prazer, não respeitando o pacto da ficção, ela faz duvidar da existência desta fronteira como se tivesse somente um só mundo, o da escritura e uma só instância escritural, na qual personagens e instâncias narrativas vão e vem sem grande preocupação da distinção à la *Contre Sainte-Beuve*. Assim, esta instância quebraria um dos pilares da teoria literária proustiana e veria em *A Busca do Tempo Perdido*, um campo propício a este jogo. O *Contre Sainte-Beuve*, póstumo, é preciso lembrar, mas escrito antes de *A Busca do Tempo Perdido*, não seria, portanto, a pegar ao pé da letra e deveria ser visto como uma etapa na reflexão do escritor Marcel Proust e não como sua última vontade. Não haveria, portanto, um sujeito escritor nem um sujeito fictício sob o nome do narrador que conta diretamente ou através das personagens, mas uma só instância que, segundo as exigências da narrativa, percorre a língua francesa, salta da vida do escritor à ficção, empresta fatos na vida do primeiro e na de seus contemporâneos, se deixa levar aos caprichos da escritura e da história das personagens para construir a catedral de *A Busca do Tempo Perdido*.

---

4. Willemart, *Crítica Genética e Psicanálise*, São Paulo, Perspectiva, 2005, p. 204.

O que pensar? Louis Hay separou radicalmente o escritor do autor quando sublinhou que "quando a pena toca o papel, a página se abre à escritura e a literatura começa"[5], como se a crítica biográfica na maneira de Schneider[6] tivesse que ser esquecida. Radicalizando um pouco mais na linha de Louis Hay, vejo a distância como um afastamento progressivo da biografia, consequência de um engajamento na escritura que, trabalhada nos manuscritos, os 75 cadernos de rascunhos para Proust, acentua a separação.

Curiosamente, o próprio narrador proustiano endossa a tese do *Contre Sainte-Beuve*, a de Hay e a minha, quando sua personagem Norpois define "a obra [como] infinitamente superior ao autor [...] só devemos conhecer os escritores por seus livros"[7], mas ele defende essa tese por outros motivos, a saber que a vida moral do escritor Bergotte, não correspondia a de suas personagens.

O primeiro movimento da roda deve ser revisto se aprofundarmos um pouco a instância do olhar e aceitarmos uma etapa preliminar definida por Elstir e o narrador proustiano, como um esvaziamento que corresponde a uma preparação quase monástica:

O esforço que fazia Elstir por despojar-se, em presença da realidade, de todas as noções de sua inteligência era tanto mais admirável, porque esse homem – que antes de pintar se tornava ignorante, esquecia-se de tudo por probidade (pois o que se sabe não é a gente), possuía uma inteligência excepcionalmente cultivada[8].

---

5. Louis Hay, *A Literatura dos Escritores*, Belo Horizonte, UFMG, 2007, p. 14.
6. Michel Schneider, *Maman*, Paris, Gallimard, 1999 (fólio).
7. *Idem*, pp. 465-466. "Já nos acréscimos um pouco ulteriores do *Caderno* 38 (escritos) ao redor do verão 1910", o narrador assumia a posição de seu embaixador: "E era talvez algo deste tempo que seus maiores artistas são ao mesmo tempo mais conscientes da dor do pecado e mais condenados ao pecado que não eram os antecessores, negando aos olhos do mundo sua vida, reportando-se ao velho ponto de honra, à antiga moral, por amor próprio e por considerar como ofensivo que eles faziam" (Notice, *idem*, p. 1311 e *Cahier 38. Esquisse XXIII. Idem*, p. 1034).
8. *À Sombra das Raparigas em Flor*, p. 492.

O escritor ou o pintor deveriam esquecer seu saber e se entregar à técnica da manipulação das palavras ou das cores para encontrar o que era delas, a originalidade do ponto de vista delas. A matéria encontrada vai indicar o caminho a seguir. É o que mostra Fayga Ostrower na sua entrevista[9] e também Henry Bauchau em *Édipo na Estrada* quando o herói se descobre escultor, obedecendo ao mundo das profundezas e habitando a pedra de onde vai emergir a onda[10]. O artista responde às chamadas da própria matéria.

Por outro lado, Irene Poutier sublinha outra maneira de exercer o olhar:

> A cegueira é um valor quase intrínseca do artista verdadeiro. Trata-se de ver de outra maneira, não mais com a percepção visual e todo o campo de leitura e de representação, mas com o tocar. A gente vê tocando, teria muito que falar sobre a cegueira como maneira de Ver, de criar ou de ver no Outro, para todos e não somente para os artistas. Outro Édipo, personagem central de numerosas novelas de Bauchau, a cegueira aparece em filigrana em outros romances. Encontra-se assim a ideia-mestra segundo a qual a obra se faz através do artista que agiu segundo uma instância interior imperiosa e necessária[11].

Devemos, portanto, não refazer a engrenagem da roda, mas aceitar que ela mergulhe preliminarmente num deserto – é o esvaziamento de Elstir –, o que favorece o duplo olhar dividido em olhar externo e interno próximo da cegueira.

O terceiro movimento deve ser retrabalhado, já que o narrador proustiano detalha melhor a ligação entre sua instância e a pulsão invocante quando detecta a presença de uma luz no mais profundo do ser do escritor, que se limita à escritura para Bergotte, como se a pulsão da escuta não fosse bastante poderosa para atingir o discurso oral[12]. Esta tese supõe que qualquer poe-

---

9. <https://www.youtube.com/watch?v=3X-1_mB7UTYet>. Fayga Ostrower, *Criatividade e Processos de Criação*. 25, Petrópolis, Vozes, 2010, p. 31.
10. Henry Bauchau, *Œdipe sur la route*, Arles, Actes Sud, 1990, p. 131.
11. Irène Poutier, "Henry Bauchau: de la nécessité dans la création", *Revue Internationale Henry Bauchau*, n. 2, Louvain, Presses Universitaires de Louvain, 2009.
12. *Idem, ibidem*.

sia deve passar pela escritura e não obedece apenas a um ritmo ou a um passo de dança externo como Valéry sugeriu para alguns poemas. A tese se aplica também ao discurso do analisando, que deve passar pela escrita para que os efeitos da alíngua estejam entendidos, ou seja, ela opera primeiramente ao nível da escritura inconsciente antes de ter efeito no discurso.

Este mesmo terceiro movimento é também abordado no segundo capítulo quando diferencia o estilo da escuta:

> O talento consiste em ter a disposição necessária para exercer a pulsão do ouvir de uma maneira muito fina e perceber a mensagem. Não se trata, portanto, de estilo nem da oposição a uma escola anterior, mas de uma capacidade muito aguda de entender uma mensagem lançada *à la cantonade* que o escritor capta e no qual o leitor se encontra.

Assim, redefiniremos o terceiro movimento da escritura como a escuta de uma mensagem lançada para quem quiser ouvir, o narrador se sentindo iluminado por um ritmo interno não conta apenas uma história, mas escreve, obedecendo não à musa dos românticos que transmitiria um conteúdo, mas a de uma musa musical que transmite um ritmo. Não estamos longe de Quignard que sugere a escuta dos barulhos ainda mais profundos e que se interrogava sobre "os laços que entretém a música com o sofrimento sonora"[13].

Se atrás de cada palavra, de cada frase, encontra-se uma fonte sonora mais ampla do que a voz, como ouvir essa fonte? Como distinguir "o vestígio do inaudível na escritura"?[14] Como ouvir "a interrupção dos sentidos"?[15] Cada narrador ouvirá sua fonte. São as sereias que cada um ouve atrás das palavras e que repetem desde a infância ou antes do nascimento os:

> [...] barulhos, lambiscados de ratos, de formigas, gotas de água da torneira ou da goteira, respiração na sombra, queixas misteriosas,

---

13. Quignard, *La Haine de la Musique*, Paris, Gallimard, 1996, p. 16.
14. *Idem*, p. 23.
15. Cohen Lévinas, "D. Les icônes de la voix", *Pascal Quignard, figures d'un lettré* (Cerisy 2004), Paris, Galilée, 2005, p. 188.

gritos sufocados, silêncio, despertador, galhos batentes ou crepitar da chuva no telhado, galo[16].

Proust e Quignard associados alargam consideravelmente a instância do narrador que deve atravessar várias camadas para escrever. O narrador proustiano distingue claramente a escritura do discurso oral em Bergotte e indica o motivo:

> Mas não se encontrava na linguagem de Bergotte esta espécie de iluminação que nos seus livros, como em alguns dos outros, fica muita vez na frase escrita a aparência dos vocábulos. É que, provém de certo de grandes profundezas e não traz seus raios até nossas palavras, nas horas em que, abertos aos outros pela conversação, estamos até certa medida fechados para nós mesmos. A este respeito, havia mais entonações, mais acento, nos seus escritos do que nas suas palavras; acento independente da beleza do estilo, que o próprio autor sem dúvida não percebeu, pois não é separável de sua mais íntima personalidade[17].

Entender supõe portanto uma escuta que vem das profundezas e que se opõe à conversação. Reencontramos essa escuta no próximo movimento.

O quarto movimento concerne à releitura e à rasura frequentemente seguidas de um silêncio e de uma espera. O releitor escuta não sabendo muitas vezes por que ele rasurou ou, se souber, invoca um motivo banal como uma correção de sintaxe ou uma mudança de palavra, puros pretextos porque subentendem um motivo maior. Assim que o grito gera o silêncio, referência a Munch e a Lacan[18], assim a rasura. Esta será considerada como a emergência ou o equivalente de um grito que vem do mais profundo do ser, não somente de quem tem a pluma ou digita no teclado, mas do

---

16. Quignard, *op. cit.*, p. 28.
17. *Idem, ibidem.*
18. Lacan, *Le séminaire. Livre XII. Problèmes cruciaux*, Staferia. free, 1964-65, p. 131.

que ele representa para a comunidade da qual ele é o porta-voz. O silêncio gerido acentuará o laço ou "um nó fechado entre algo que é um entendimento e algo que, falando ou não, é o Outro: é este nó fechado que pode ressoar quando o atravessa – e talvez mesmo o escava – o grito"[19], ou seu similar na gênese da escritura, a rasura, que atravessa a palavra, a linha ou o parágrafo, que é ao mesmo tempo denegação do que já foi escrito e espera do que vai surgir.

E qual é a origem do que aparece? Bauchau responde: "um fundo temível de selvageria está no homem [...], assim como o lamentar de outra Vida mais livre, [...] a criação é uma potência de transformação e de civilização neste fundo obscuro"[20]. Mais explícito ainda em *Le présent d'incertitude,* sublinha que "a arte se dirige sempre a uma parte civilizada do homem, mesmo se esta civilização ainda é primitiva aos olhos dos que seguem"[21] ou ainda, retomando Braque no *Jornal de Antígona:* "É preciso descer até o caos primordial e se sentir em casa"[22].

Como traduzir o "descer até o caos primordial"? Duas respostas: ou será o reencontro de um ritmo fundamental que manifesta a ligação profunda da escritura com a música, como mostrei na análise dos inícios de Combray[23], ou será o que viveram as personagens Édipo, Clios e Narsès em *Édipo na Estrada:*

---

19. "É *o grito* que o sustém, e não o silêncio *o grito.* O grito faz de uma certa maneira – o silêncio – se enrolar no impasse de onde surge para que o silêncio escape. Mas isto já está feito quando vimos a imagem de MÜNCH: o grito está atravessado pelo espaço do silêncio sem que ele habita, eles não são ligados nem juntos nem de se suceder, o grito forma o abismo onde o silêncio se atira." *Idem,* p. 132 (trad. minha).
20. Jean Leclercq, "L'art comme lieu du sens et de la vérité corporelle chez H. Bauchau", *Revue Internationale Henry Bauchau. L'écriture à l'écoute,* n. 2, Louvain, Presses Universitaires de Louvain, 2009, p. 107.
21. Bauchau, *Le présent d'incertitude. Journal 2002-2005,* Arles, Actes Sud, 2007, p. 41.
22. Leclercq, *op. cit.,* p. 109.
23. Willemart, "À Procura de um Ritmo no Início de Combray", *Psicanalise e Teoria Literária. O Tempo Lógico e as Rodas da Escritura e da Leitura,* Perspectiva, 2014, p. 147.

reencontrar a crueldade e as pulsões das idades abomináveis e suas forças originais[24].

Em outras palavras, é a base selvagem de nosso ser que, reaparecendo, recarrega a potência da civilização. Um não vai sem o outro. A rasura pode levar o escritor até lá, onde Bauchau encontra Quignard. Nossos ancestrais estão sempre lá impressos no cérebro e convivem com os costumes e as tradições acumuladas pelo tempo junto com nossa formação pessoal ou a educação recebida.

O quinto movimento da roda está também afetado pela análise de *À Sombra das Raparigas em Flor* já que cada vez que o autor se manifesta e decide ir em frente, não só ele concorda, mas ratifica uma ato do espírito e o achado que segue, controlando de uma certa maneira o afluxo das forças do quarto movimento.

24. "No alto da colina, uma luz suave e prateada vai-se espalhando e, de repente, acima dos prados e dos bosques, a lua cheia domina o céu. Ela ilumina Édipo, fazendo-o resplandecer com uma palidez que não parece ser deste mundo. Ele se curva e se ajoelha na mó, como se reverenciasse a lua. Volta para o firmamento uma máscara inesperada, o rosto alongado como um focinho, e solta um uivo sofrido, que se prolonga até o infinito. Muitas daquelas pessoas sentem um arrepio percorrer-lhes a espinha ao ouvirem o lobo ancestral uivando para a lua. Um lobo originário do fundo das eras abomináveis, que seguia Apolo antes de tornar-se o guia do carro do Sol. O lobo que precedia os ratos da peste e que ainda desencadeia, no coração dos homens, as forças de destruição. As pessoas, que tinham raízes fincadas naquele solo ancestral, erguem-se impulsionadas pelo desejo de uivar com Édipo e reunir-se, como uma malta, ao seu redor. Então, os membros do clã da Pérsia, parentes próximos de Narsès, sentem voltar-lhes a memória do Ancestral. Com patadas, derrubam as mesas, pois, através de magníficas linhagens de feras, eles descendem do sol, e o uivo dos lobos, sua nostalgia das trevas originais, ofende o sangue que corre em suas veias. Todos os persas erguem-se, com as narinas dilatadas, os olhos enormes, a terrível semelhança com os leões alterando-lhes as feições. Clio prepara-se para iniciar a dança do povo das trevas, em rodopios alucinantes. Se começar, várias pessoas o acompanharão, e essa dança dos sectários do Apolo noturno não será tolerada por outras que, venerando os leões, só se tornaram homens por causa do culto ao deus solar. O conflito entre essas forças originais certamente resultará em combate. Todos estão em transe ou, como Narsès e Diótima, petrificados pela luta interior entre sangue e espírito. Antígona levanta-se, gritando: 'Pai!' Édipo para de uivar sua aflição para a lua. Ela o ajuda, obriga-o a erguer-se. Em tom quase de ordem, ela diz: 'Canta! Os corpos e os corações estão sofrendo'. Ela percebe que Clio está na iminência de iniciar sua dança vertiginosa, e pronuncia seu nome bem baixinho. Ele reconhece sua voz e para, atônito. A voz de Édipo faz-se novamente ouvir, todos se acalmam e voltam aos seus lugares" (Bauchau, *Édipo na Estrada*, trad. Ecila de Azevedo, Rio de Janeiro, Nova Aguilar, 1998, p. 130).

2
A Roda da Leitura

Adaptando a roda da leitura à audição musical, o terceiro movimento se enriquece.

Assim como o riso de Gilberte deixa suspeitar um segundo plano não dito ou "uma superfície invisível"[1], a musicalidade do texto relido, ou melhor, reescutado, fará ouvir um ritmo não percebido no início.

Da mesma maneira, sabendo que uma obra musical é complexa e composta da soma de partes diferentes mais ou menos geniais, a audição deve ser repetida não para reouvir o que agradou na primeira escuta, mas par entender "o que estas grandes obras-primas tem de melhor"[2]. Entender não é memorizar a melodia, mas escutá-la inteiramente para reter as impressões que nos marcaram, seguindo nisso a psicologia do espaço.

A leitura exige várias escutas, o que poucos críticos ou amadores fazem, e não se aplica apenas à poesia.

1. Bauchau, *Édipo na Estrada,* trad. Ecila de Azevedo, Rio de Janeiro, Nova Aguilar, 1998, p. 130.
2. *Idem,* pp. 136-137.

A RODA DA LEITURA

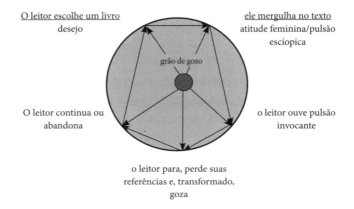

O quarto movimento da roda da leitura se amplifica após a leitura de *À Sombra das Raparigas em Flor*. A psicologia no espaço dá uma nova concepção da leitura na qual o espelho oferecido[3] favorecerá a identificação não mais com as personagens, mas com as sensações, as paixões e os sentimentos vividos pelo leitor. Ele não será mais Riobaldo, Hermógenes, Brás Cubas, Emma Bovary ou Julien Sorel, mas ressentirá os efeitos de suas ações nele. O gozo não se viverá por personagem interposta, mas provirá do impacto que a narrativa fílmica ou de um romance terá sobre o leitor. Em termos psicanalíticos, o leitor não fará mais do herói sua referência (ideal do eu) nem projetará na personagem seu ideal (eu ideal)[4], mas reconhecerá como sendo suas as impressões ressentidas no decorrer de sua leitura ou da

---

3. Willemart, *Proust, Poeta e Psicanalista*, p. 215.
4. "Pode-se distinguir radicalmente o ideal do eu (enquanto não tanto em supor [como] <do outro> introjeção possível) e o eu ideal. O primeiro é uma introjeção simbólica ao passo que o segundo é a fonte de uma projeção imaginária. A satisfação narcísica que se desenvolve na relação ao eu ideal depende da possibilidade de referência a este termo simbólica primordial que pode ser mono-formal, mono-semântica, *ein einziger Zug*, isto é capital para todo o desenvolvimento daquilo que temos a dizer" (Lacan, *O Seminário. Livro 8. A Transferência*, Rio de Janeiro, Zahar, 1995, p. 344).

visão de um filme, e não os atribuirá às personagens ou às situações descritas.

Durante o filme *Antes do Inverno*[5], posso aproximar as angústias do herói e do cirurgião Paul Atkinson e as minhas, já que nossas idades são próximas. No entanto, o processo não se fará como numa análise. Bastaria, diria o herói proustiano, abster-se de nutrir o duplo da personagem incrustada nele, aqui a Berma:

> [...] como a minha fé e meu desejo não mais viessem prestar um culto incessante à dicção e às atitudes da Berma, o "duplo" que eu deles possuía em meu coração fora pouco a pouco definhando, como esses outros "duplos" dos mortos do antigo Egito que era preciso alimentar constantemente para conservar a vida[6]

e, segunda condição, era preciso reportar em outro lugar a admiração ressentida pelo herói:

> [...] desde as minhas visitas a Elstir, era a certas tapeçarias, a certos quadros modernos que eu reportava minha fé interior que tivera outrora naquela desempenho, naquele arte trágica[7].

Não se trata de cura nem de sublimação, mas de uma simples deslocação da fé em outros objetos. Mais tarde, o herói se dará conta deste caminho perverso, porque gira em círculo. Descobrindo a escritura, conseguirá expor estas impressões que são uma "síntese" englobando percepções, afetos, lembranças e associação de ideias; enfim uma multiplicidade de elementos heterogêneos que dão uma volta na subjetividade, coagulados no estilo pela "metáfora"[8].

---

5. Philippe Claudel, *Avant l'hiver*, Europa Film, 2012 com Daniel Auteuil, Kristin Scott Thomas e Leila Bekhti.
6. *O Caminho de Guermantes*, p. 43.
7. *Idem, ibidem.*
8. Jean Milly, *Proust et le style*, Paris, Slatkine Reprints, 1991, p. 89 *apud* Sophie Duval, "Prestiges, miracles et tables tournantes: métaphore humoristique, analogie universelle et poésie astronomique", *Bulletin d'informations proustiennes*, Paris, 40, Presses de l'Ecole Normale Supérieure, 2010, p. 118.

3
A Roda da Leitura para o Crítico

Antes de nosso esforço de compreensão do sentido pela inteligência, nossa primeira atitude em relação ao manuscrito não deveria ser uma atitude de escuta benevolente que deriva da pulsão invocante quando lemos um texto literário? Não se trata somente de entender um passado que já foi prazeroso demais, como Lacan sugere brincando com as palavras: *jouis !* ou *j'ouis* algo ou alguém que gozou no passado. Será preciso ouvir nossa própria voz transformada pelo texto lido, como mostra Roberto Zular na sua análise de *O Esboço de uma Serpente* de Valéry[1]. Tanto quanto Eva, atraída pelas promessas da serpente que despreza as de Deus, não deve somente ouvir a voz da serpente, mas além disso, ouvir sua própria voz.

---

1. Roberto Zular, "O Ouvido da Serpente: Algumas Considerações a Partir de Duas Estrofes de *Esboço de uma Serpente* de Paul Valéry" em Cleusa Rios P. Passos e Yudith Rosenbaum (orgs.), *Interpretações: Crítica Literária e Psicanálise*, Cotia (SP), Ateliê Editorial, 2014, p. 222.

Mas será que é a mesma coisa quando leio um manuscrito? Deveria escutar minha própria voz através da voz do autor? Não deveríamos em primeiro lugar lutar contra a escritura e as rasuras, entender e transcrevê-las? Este trabalho, árduo para Flaubert e Proust, mais calmo para Bauchau, não é em primeiro lugar uma luta contra a língua, quando deslumbrados pela força da narrativa, procuramos vencê-la para encontrar o sentido rasurado na sua forma? Lá está nosso sofrimento como crítico.

Esta mudança de perspectiva, como leitor do manuscrito e não mais como leitor de um livro publicado, me obriga provavelmente em mudar algo nos movimentos já definidos da roda da leitura e encarar a diferença ao nível do interesse que tenho. Não procurarei mais conhecer necessariamente uma história para saber o fim, nem serei mais levado pelas personagens, nem dilacerado entre elas para saber de que lado me situo, meu afeto não se deixará ser mais levado em primeiro lugar pelo imaginário do romance que me separa do mundo no qual vivo. O romance já terá sido lido e não será considerado como o fim de um longo processo ou de uma longa caçada do escritor com sua história e sua língua.

Ainda, devo falar da roda da leitura? Devo ainda seguir as etapas dela que pareciam tão claras?

Abrimos um fólio de Flaubert, Proust ou Bauchau. Em primeiro lugar, somos surpreendidos pelas formas pouco habituais de um página de livro até que alguns geneticistas compararam vários fólios seguidos uma obra de arte. Entretanto, atrás desta beleza, se beleza há, se esconde um trabalho enorme que pode terminar em tragédia, já que a simples releitura pode destruir o trabalho de horas, até de alguns dias.

Estaremos diante de uma escritura não linear por excelência, cheia de rasuras, de volta para trás ou de arrependimento, de acréscimos nas margens de cima, de baixo, dos dois lados, como se o escritor não soubesse o que quer escrever primeiro, como se hesitasse antes de escrever, ou melhor, como se fosse a presa de um outro ou de um Outro ao qual se submetesse. É a primeira coisa que observamos quando lemos um manuscrito, a luta do escritor com alguém poderoso que o obriga a rever continuamente seu texto e que Bauchau nomeia num segundo movimento: "Um herói persiste em nossa época: o inconsciente. Se aceitamos lutar come ele, é a luta com o Anjo. Saímos desta luta fértil, reforçados, mas machucados, como Jacó-Israel"[2].

Que este adversário ou colaborador seja chamado Anjo, grande Outro, grão de gozo ou inconsciente, pouco importa, mas sua presença nos obriga em considerá-los e nos perguntar quais são seus meios de intervenção. Sabemos, no entanto, que não se trata da musa do movimento romântico que faz do *scriptor* um puro instrumento da voz ouvida independentemente do que ele é, nem da musa no sentido grego do termo que, filha de Zeus e de Mnemosine, serve de intermediária entre os artistas e os deuses.

Este colaborador da escritura, embora semelhante em certos pontos a Mnemosine pela memória dos fatos datados e à musa romântica porque exige muitas vezes uma obediência cega, é mais uma voz gozadora (prazerosa e sofredora) que se impondo ou dialogando com o escritor, o acorda, lhe faz percorrer caminhos inéditos se apoiando tanto no Real (o que é difícil traduzir em palavras) que envolve o escritor quanto no da comunidade que o cerca. Esta voz se faz ouvir durante o terceiro movimento da roda da escritura e está ligada mais especialmente ao texto móvel situado no centro da roda.

Mas na leitura do manuscrito, não encontraremos o texto móvel, mas um texto fixo embora muitas vezes rasurado, sob o qual corre um grão de gozo que nos interpelará.

Se vemos a manifestação evidente do texto móvel no manuscrito através das rasuras, nos percebemos igualmente movido pelo Anjo, o grande Outro ou o inconsciente, representado pelo grão do gozo que nos empurrou em escolher e ler tal manuscrito. É nesse nível que dialogaremos com o manuscrito, sabendo ou não. Não poderemos, portanto, intitular nossa leitura, do

---

2. Bauchau, *Journal d'*Antigone (1989-1997), Arles, Actes Sud, 1999, p. 120. Bauchau alude ao quadro de Delacroix, A luta de Jacó com o Anjo.

grão de gozo do escritor ao grão móvel do escritor, mas do grão de gozo do escritor para o nosso. Um diálogo se estabelecerá necessariamente e muitas vezes sem saber entre os grãos de gozo que subentenderam a formação da escritura e o que nos encorajou a estudar este manuscrito.

Fora este diálogo, inconsciente a maioria das vezes, como nos deixar levar ou como devemos colaborar com este diálogo?

Como geneticistas, e supondo que a escritura é legível ou já é decifrada, tentamos entender não a história que já é conhecida, mas a maneira ou os movimentos escriturais que fabricaram o texto. É a mesma pulsão de saber que nos leva à leitura do livro publicado, mas diferentemente. Nos ligamos às palavras, às frases e à sintaxe e nos engolfamos atrás delas como se elas formassem um túnel no qual nos enfiamos para entender os sulcos, os suportes e os andaimes. A pulsão escópica continua a nos mover, mas associada à do saber, ligada ela mesma à das origens que responde à pergunta: de onde isto vem? Não nos deixamos levar mais pelo fio do texto para saber o fim da história, mas paramos muitas vezes, ou melhor, o texto nos para pelas dificuldades de leitura.

Por quê? Por vários motivos. Primeiro, porque temos o texto publicado na cabeça embora seja frequentemente somente o resultado aleatório e não necessário do manuscrito. Devemos considerá-lo, já que faz parte da identidade de quem assina, o autor. O texto publicado nos dá uma orientação ou mostra uma lógica frequentemente não linear, mas que não depende forçosamente do manuscrito que lemos.

Quantos textos do narrador proustianos foram abandonados e teriam suscitado outra escritura ou mesmo, outra história. A descoberta de um manuscrito inédito nos arquivos de Suzy Mante-Proust, sobrinha de Marcel Proust, permitiu a Nathalie Mauriac editar outra *Albertine Disparue*[3] mais curto do que a anterior lançada por Robert Proust e Jacques Rivière nas edições

---

3. Proust, *Albertine disparue* (édition originale de la dernière version revue par l'auteur, établie para Nathalie Mauriac et Etienne Wolff), Paris, Grasset, 1987.

Gallimard. A riqueza do manuscrito espanta neste sentido, leva o crítico além do texto publicado e questiona o salto que suprimiu ou esqueceu tal trecho. Flaubert também inventou uma história do povo judeu no manuscrito de *Herodias* que ele manteve apenas numa frase. Bauchau escreveu uma história da Virgem Maria para o romance *Dilúvio* que foi suprimida a pedido do editor. Os colegas geneticistas e transcritores de manuscritos de outros autores poderiam certamente fornecer outros exemplos.

O manuscrito nos para também porque reenvia a uma tradição de escritura e de inserção na cultura presente tanto na produção do autor quanto na de seus contemporâneos e sucessores e antecessores. Escutar, prestar atenção e colocar-me em alerta lendo o manuscrito, fará com que encontremos um vestígio do enigma que se constrói aos poucos graças a uma aproximação formal de sons, de palavras, de frases ou a uma associação de ideias. Estaremos então na posição do narrador proustiano que a partir do odor da fumaça, o sabor da madeleine ou o barulho de um guardanapo, reúne-se com um passado esquecido e podia rearticular sua narrativa. O crítico abandonará então a roda da leitura e levado a escrever, pulará na roda da escritura, saída normal para o crítico se seguirmos Barthes. Entretanto, antes de chegar lá, a aproximação inesperada poderá perturbar suas referências habituais e encontrar outras. É o quarto movimento da roda, aquele que cria embaraços[4], talvez coisas inquietantes[5].

Por exemplo, o fólio 18r° do *Caderno 28* de Marcel Proust leva o leitor a transformar sua modesta sala de jantar em quadro de Chardin:

> Pois desde o dia em que vimos no Louvre [um quadro de Chardin] quando extraímos sua significação [...] em virtude desta fecundidade incalculável das obras de arte, ela se dispersa em nós, e inumeráveis são

---

4. "algo de irritante, um obstáculo, sabotagem para que algo aconteça" (Adam Phillips, *Trois capacités négatives*, Paris, Ed. de l'Olivier, 2009, p. 16).
5. Cleusa Passos, "O Fantástico e as Formas do *Unheimlich*: Borges e seus Duplos" em Cleusa Rios P. Passos e Yudith Rosenbaum (orgs.), *Interpretações: Crítica Literária e Psicanálise*, Cotia (SP), Ateliê Editorial, 2014, p. 124.

os Chardin que nos apresenta todos os dias nossa modesta sala de jantar, na qual não cansamos de ver um começo de raio de sol transformar por tons intermediários entre o terno e o brilhante as dobras da toalha e o relevo da faca que a esposa[6].

A ligação entre a sala de jantar e o gênio de Chardin transtornará os pontos de referência habituais do crítico. Não olharemos mais nossa sala de jantar com o mesmo olho e tentaremos visualizar os Chardin ignorados que nos cercam. Por isso, emprestaremos outras redes para explorar o enigma do que lemos e do mundo que nos rodeia e nos sentiremos deslocados em relação à nossa situação anterior. Guiado por esta nova rede[7], a leitura do manuscrito terá, ela também, mudado, e a procura de outras descobertas nos encorajará em continuar a leitura.

No entanto, assim como Jacó sairá da luta com o Anjo machucado e mancando, não sairemos de nossa leitura ilesos. Teremos sido tocados senão feridos, nós também. Não nos chamaremos por isso, Israel ou forte contra Deus como Jacó[8], mas, mais humildemente, fortes contra a escritura lida, da qual teremos levantado um dos sentidos ou um dos velos do enigma escrevendo um artigo ou um livro durante ou após a leitura. Teremos assim nomeado ou caracterizado o escritor contrariamente a Jacó que não saberá o nome do Anjo.

Uma vez machadiano, roseano, flaubertiano, proustiano, bauchauriano ou outro, o estilo, nossa maneira de pensar a escritura e a literatura mudarão, nosso grão de gozo convergirá com um dos grãos de gozo do escritor e a roda da leitura-escritura continuará rodando não sem ter mudado o quinto movimento que nos levará a outras redes.

---

6. <http://gallica.bnf.fr/ark:/12148/btv1b60001231/f19.image.=fonds%20proust%20 NAF%2016668.langFR> (tradução nossa).
7. Cecília Almeida Salles, *Redes da Criação*, Vinhedo, Horizonte, 2006.
8. "Deixa-me ir, porque já a aurora chegou. Porém ele disse: Não te deixarei ir, se não me abençoares. E disse-lhe: Qual é o teu nome? E ele disse: Jacó. Então disse: Não te chamarás mais Jacó, mas Israel; pois como príncipe lutaste com Deus e com os homens" (*Genesis* 32, 24-32).

Supondo que o Anjo representa a criação e a perfeição entre aspas do texto publicado, portanto, que contém o conjunto dos manuscritos para chegar à última versão assinada pelo autor, lutamos primeiro contra uma escritura mais ou menos difícil de ler, a transcrição de uma língua, a nossa ou não, que tem uma história extremamente rica na qual as palavras e expressões variaram de sentido no decorrer dos séculos.

Em segundo lugar, nos chocamos com uma lógica mutante ou com um arranjo de situações e personagens que se modificam segundo o avanço da narrativa. Caráteres atribuídos a uma personagem são transpostos para outro, Herodias e Antipas no conto *Herodias* de Flaubert, por exemplo, ou o músico Vinteuil reunindo os carateres do naturalista Vington e do músico Berget[9] *Em Busca do Tempo Perdido* etc.

Como a luta dos dois protagonistas é sem fim a ponto de o Anjo impor um limite e pedir a Jacó de largá-lo "porque a aurora chegou", assim é a pesquisa. A luz desvelaria a natureza do Anjo? Metaforicamente falando, a obscuridade dos manuscritos nos quais a acumulação de acréscimos e de rasuras é propícia à pesquisa dos processos de criação ou dos movimentos escriturais. Clareza ou evidência demais com o texto publicado ou um rascunho "limpo" nos desviaria da verdadeira pesquisa ancorada nas pulsões. Embora a transcrição possa dar a ilusão de que estamos no fim de nossas dores, as leituras sucessivas nos levarão em escutar cada vez diferentemente o manuscrito transcrito. Jamais, senão raramente, estaremos descobrindo o enigma inteiro.

---

9. Françoise Leriche, "Vinteuil ou le révélateur de transformations esthétiques dans la Genèse de la *Recherche*", *Bulletin d'informations proustiennes*, nº 16, Paris, ENS, 1985, p. 27.

Bibliografia

ALBARET, Céleste et BELMONT, Georges. *Monsieur Proust*. Paris, Laffont, 2014.

ALMEIDA, Alexandre Bebiano de. "O Caso do Diletante: a Personagem de Charles Swann e a Unidade do Romance *Em Busca do Tempo Perdido*". *Thèse inédite*. Université de São Paulo, 2008. Disponível em: <http://teses.usp.br>.

AMIRAULT, Monique; COTTET, Serge; QUÉNARDEL, Claude; ROCH, Marie-Hélène; PERNOT, Pascal (plus-un et rédacteur). *Du sujet de l'inconscient au parlêtre*. Disponível em: <http://www.causefreudienne.net/etudier/essential/du-sujet-de-l-inconscient-au-parletre.html>.

BALES, Richard. *Bricquebec. Prototype d'A l'ombre des jeunes filles en fleurs*. Oxford, Clarendon Press, 1989.

BALLOUSSIER, Anna Virginia. "Famoso Ken?". *Folha de S. Paulo*. 31.7.2014, p. C5.

BALZAC, Honoré de. *La fille aux yeux d'or*. Paris, Gallimard (poche), 1958.

_____. "Avant-propos". *La Comédie Humaine*. Paris, Seuil, L'Intégrale, 1965.

BAUCHAU, Henry. *Oedipe sur la route*. Arles, Actes Sud, 1990.

_____. *Édipo na Estrada*, trad. Ecila de Azevedo. Rio de Janeiro, Nova Aguilar, 1998.

_____. *Journal d'*Antigone *(1989-1997)*. Arles, Actes Sud, 1999.

_____. *Le présent d'incertitude. Journal 2002-2005*. Arles, Actes Sud, 2007.

_____. "Lettre à Marc Dugardin". *L'écriture à l'écoute. Revue Internationale Henry Bauchau*. Louvain, Presses Universitaire, 2008. 1. p. 28.

BÉHAR, Serge. "Cottard ou un paysan à Paris. Portraits de médecins". *Cahiers Marcel Proust*. Paris, Gallimard, 1970. 1.

BIBLIA Sagrada. São Paulo, Paulinas, 1955.

BEDRIOMO. *Proust, Wagner et la coïncidence des arts*. Paris, éd.J-M. Place, 1984

BLOCH, Oscar et von WARTBUCH, Walther. *Dictionnaire étymologique de la langue française*. Paris, PUF, 1968.

BIZUB, Edward. *Proust et le moi divisé*. Genève, Droz, 2006.

BOYARIN, Daniel. *A Radical Jew: Paul and the Politics of Identity*. Berkeley (California), University of California Press, 14 octobre 1994. Disponível em: <http://fr.wikipedia.org/wiki/Snob>.

BRUN, Bernard. "Inventaire du Cahier 14". In: *Bulletin d'informations proustiennes*. Paris, Presses de l'École Normale Supérieure, 1982, 13.

CASTELLO, Martine. *Pour Paul Diel, notre spiritualité remonte aux pulsions vitales des bactéries*. Disponível em: <http://www.nouvellescles.com/article.php3?id_article=948>.

CITATI, Pietro. *La colombe poignardée. Proust et la recherche*. Paris, Gallimard, 1998.

CARPI, Fabio. *Le Intermittenze del Cuore*. Roma, Gremese editore, 2004.

CHEMANA, Roland et VANDERMERSCH, Bernard. *Dictionnaire de la psychanalyse*. Paris, Larousse, 1998.

CLAUDEL, Philippe. *Avant l'hiver*. Europa Film, 2012.

COHEN-LÉVINAS, Danielle. "Les icônes de la voix". *Pascal Quignard, figures d'un lettré* (Cerisy 2004). Paris, Galilée, 2005.

CRAIG, Edward Gordon. *De l'Art du Théâtre*. Paris, Circé, 2004.

CRÉMIEUX, Hector et HALÉVY, Ludovic. *Orphée aux Enfers* (musique de Jacques Offenbach).

DERRIDA, Jacques. *L'écriture et la différence*. Paris, Seuil, 1967.

DESCARTES, René. "Les passions de l'âme". *Œuvres et Lettres*. Paris, Gallimard, 1953 (Pléiade).

DESCOMBES, Vincent. *Le complément de sujet*. Paris, Gallimard, 2004.

DUVAL, Sophie. "Prestiges, miracles et tables tournantes: métaphore humoristique, analogie universelle et poésie astronomique". In: *Bulletin d'informations proustiennes*, 40, Presses de l'École Normale Supérieure, 2010.

EELS, Emily. "Photographie". *Dictionnaire Proust*. Paris, Honoté Champion, 2004.

ERMAN, Michel. *Le bottin proustien*. Ed. de La Table ronde, 2001-2010.

FREUD, Sigmund. *Introduction à la psychanalyse*, 1916.

GASIGLIA-LASTER, Danièle. "Fabio Carpi, Les Intermittences du cœur". In: *Bulletin Marcel Proust*, n. 53, 2003, pp. 155-160.

GENETTE, Gérard. *Figures III*. Paris, Seuil, 1972.

GOULD, Stefen Jay. *Eight Little Piggies. Reflections in Natural History (Dedo Mindinho e seus Vizinhos*. São Paulo, Companhia das Letras, 1993).

GRACQ, Julien. *Rivage des Syrtes*. Paris, Gallimard, 1989.

_____. "Il n'y a que des cas d'espèce". Entretiens avec B. Boie, *Genesis*, n. 17, 2001.

GRÉSILLON, Almuth. "Les silences du manuscrit". *II Encontro de Edição Crítica e Crítica Genética*. São Paulo, FFLCH-SP, 1990.

HAMON, Philippe. *Le personnel du Roman*. Genéve, Droz, 1983.

HASSINE, Juliette. "Judéité". *Dictionnaire Marcel Proust*. Paris, Honoré Champion, 2004, p. 537.

HAY, Louis. *La littérature des écrivains*. São Paulo, Corti, 2002.

http://fr.wikipedia.org/wiki/Palais_de_l%27Industrie

http://fr.wikipedia.org/wiki/Trocad%C3%A9ro

http://magnetjl.blogspot.com/2009/05/arbre-invisible-n2-etape-n1--la.html

http://www.univers2009.obspm.fr/fichiers/Grand-Public/lundi-6/Jean_Audouze.pdf

http://www.scribd.com/doc/3275176/les-mathematiques-de-tous--les-jours

http://books.google.com.br/books?id=FTEBNYoxpicC&pg=PA39&lpg=PA39&dq=surface+invisible+musique&source=bl&ots=1TCzJmGunl&sig=sWb35joJxIyOSa5cfmSTX6lpAbE&hl=pt-BR&ei=pcGOSsLz-ApqQtgfBxOzOBA&sa=X&oi=book_result&ct=result&resnum=5-v=onepage&q=surface%20invisible%20musique&f=false

JENNY, Laurent. *La Fin de l'intériorité. Théorie de l'expression et invention esthétiquedans les avant-gardes françaises (1885-1935)*. Paris, PUF, 2002.

JULLIEN, Dominique. *Proust et ses modèles*. Paris, Corti, 1989.
JURANVILLE, Alain. *Lacan et la philosophie*. Paris, PUF, 1984.
KALIFA, D. et al. *La civilisation du journal*. Paris, Nouveau Monde, 2010.
LACAN, Jacques. "Lituraterre". *Littérature*. Paris, Larousse, 1971.
_____. *Escritos (1966)*. Rio, Zahar, 1998.
_____. *Télévision*. Paris, Seuil, 1974.
_____. *A Terceira. 1974*. Trad. Élide Valarini. São Paulo, Escola Freudiana de São Paulo, 1981.
_____. *De la Psychose Paranoïaque dans ses rapports avec la Personnalité*. Paris, Seuil, 1975.
_____. *O Seminário. Livro 2. O Eu na Teoria de Freud e na Técnica da Psicanálise*. Trad. Marie Christine Laznik Penof. Rio de Janeiro, Zahar, 1985.
_____. *O Seminário. Livro 4. A Relação de Objeto*. Trad. Dulce Duque Estrada. Rio de Janeiro, Zahar, 1995.
_____. *O Seminário. Livro 7. A Ética da Psicanálise*. Trad. Antônio Quinet. Rio de Janeiro, Zahar, 1988.
_____. *O Seminário. Livre 8. A Transferência*. Rio de Janeiro, Zahar, 1995.
_____.*O Seminário. Livro 11. Os Quatro Conceitos Fundamentais da Psicanálise*. Rio de Janeiro, Zahar, 1985.
_____. *Le Séminaire. Livre XII. Problèmes cruciaux, 1964-65*. Staferia.
_____. *Le Séminaire. Livro 19. ...ou pior*. Trad. Vera Ribeiro. Rio de Janeiro, Zahar, 2012.
_____. *O Seminário. Livro 20. Ainda*. Trad. M-D Magno. Rio de Janeiro, Zahar, 1996.
LE BON, Gustave. *Psychologie des foules*. 1895.
LECLERCQ, Jean. "L'art comme lieu du sens et de la vérité corporelle chez H.Bauchau". *Revue Internationale Henry Bauchau. L'écriture à l'écoute*. Louvain, Presses Universitaires de Louvain, 2009, 2.
LERICHE, Françoise. "Vinteuil ou le révélateur de transformations esthétiques dans la Genèse de la *Recherche*". In: *Bulletin d'informations proustiennes*, nº 16. Paris, ENS, 1985.
LYOTARD, Jean-François. "Musique et postmodernité". *Surfaces*. Vol. VI. 203(v.1.0F 27/11/1996). Disponível em: <http://www.pum.umontreal.ca/revues/surfaces/vol6/lyotard.html>.
MC DOUGALL, William. *The Group Mind*. ? 1920.
MARX, William. *L'adieu à la littérature*. Paris, Minuit, 2005.
MIGUET, Marie. "Étude génétique d'un passage de *À l'ombre des jeunes filles en fleurs*". *Semen*, 11 | 1999, mis en ligne le 03 mai 2007, consulté le 08 janvier 2011. URL: http://semen.revues.org/2857.

MILLER, Jacques-Alain. "Théorie de lalangue". *Ornicar*. Paris, Le Graphe, 1975.

MILLY, Jean. *La phrase de Proust (des phrases de bergotte aux phrases de Vinteuil)*. Paris, Larousse, 1975.

_____. *Proust et le style*. Paris, Slatkine Reprints, 1991.

MULLER, Marcel. *Les voix narratives dans à la Recherche*. Genève, Droz, 1965

MURAT, Michel. *D'un récit l'autre*. Disponível em: <http://www.fabula.org/cr/465.php>.

NERVAL, Gérard. *Aurélia*. Paris, Gallimard, 1974 (Pléiade).

OSTROWER, Fayga. *Criatividade e Processos de Criação*, 25. Petrópolis,Vozes, 2010.

PASSOS, Cleusa Rios P. "O Fantástico e as Formas do Unheilich: Borges e Seus Duplos". In: PASSOS, Cleusa Rios P. e ROSENBAUM, Yudith (orgs.). *Interpretações: Crítica Literária e Psicanálise*. Cotia (SP), Ateliê Editorial, 2014.

PERRAULT, Claude au Louvre. Disponível em: <http://www.paris-photo-guide.com/html/monuments/place-concorde2.html>.

PHILLIPS, Adam. *Trois capacités négatives*. Paris, Ed. de l' Olivier, 2009.

POUTIER, Irène. *Henry Bauchau: de la nécessité dans la création*. Revue Internationale Henry Bauchau, 2. Louvain, Presses Universitaires de Louvain, 2009.

PROUST, Marcel. *Cahiers 20 et 21 (transcription de Guilherme I. da Silva)*. Département des Manuscrits. Bibliothèque Nationale Française, NAF, 16661.

_____. *Matinée chez la Princesse de Guermantes. Cahiers du Temps Retrouvé* (Éd. critique établie par Henri Bonnet en collaboration avec Bernard Brun). Paris, Gallimard, 1982.

_____. *Correspondance*. t. IX et XX.

_____. *A la Recherche du Temps Perdu* (sous la direction de J. Y. Tadié). Paris, Gallimard, Pléiade, 1987-1989.

_____. *Albertine disparue*. (édition originale de la dernière version revue par l' auteur, établie para Nathalie Mauriac et Etienne Wolff.) Paris, Grasset, 1987.

QUIGNARD, Pascal. *Le sexe et l'effroi*. Paris, Gallimard, 1994.

_____. *La haine de la musique*. Paris, Gallimard, 1996.

_____. *La barque silencieuse*. Paris, Seuil, 2009.

RICHARD, Jean-Pierre. *Proust et le monde sensible*. Paris, Seuil, 1974.

ROGERS, Brian. "Guermantes (esprit)". *Dictionnaire Marcel Proust*. Paris, Champion, 2004.

ROUDINESCO, Elizabeth et Plon Michel. *Dictionnaire de la psychanalyse*. Paris, Fayard, 1997.

ROUSSET, Jean. *Forme et signification*. Paris, Minuit, 1962.

SAINT-GIRONS, Baldine. *Vico, Freud et Lacan: de la science des universaux fantastiques à celle des formations de l'inconscient*. Disponível em: <http://noesis.revues.org/114.>.

SALLES, Cecília Almeida. *Redes da Criação*. Vinhedo, Horizonte, 2006.

SCHNEIDER, Michel. *Maman*. Paris, Gallimard, 1999 (fólio).

SCHREBER, Daniel Paul. *Mémoires d'un névropathe*. Trad. Paul Duquenne et Nicole Sels. Paris, Seuil, 1975.

SIBONY, Daniel. *Don de soi ou partage de soi?*. Paris, éd. Odile Jacob, 2000.

SILVA, Carlos Augusto. *Dicionário Proust: As Personagens de* "Em Busca do Tempo Perdido". Goiás, UCG, 2009.

STANISLAVSKI, Constantin. *La formation de l'acteur*. Paris, Pygmalion, 1986.

STENDHAL. *Le Rouge et le Noir*. Chap. XIX, p. 856 (Ve).

VAUGEOIS, Dominique "Qui a tué la littérature?". *Acta Fabula*. Printemps 2006 (volume 7, numéro 1). Disponível em: <http://www.fabula.org/revue/document1149.php>.

VIGNY, Alfred de. "Cinq-Mars ou une conjuration sous Louis XII". *Revue des Deux Mondes*, tome 1, janv.-mars 1833.

_____. *Laurette ou le Cachet rouge. Histoire de régiment*. Revue des Deux Mondes, tome 1, janv.-mars 1833.

ZOLA, Emile. *L'œuvre*. Paris, G. Charpentier, 1886.

ZULAR, Roberto. "O Ouvido da Serpente: Algumas Considerações a partir de Duas Estrofes de *Esboço de uma Serpente* de Paul Valéry". In: PASSOS, Cleusa Rios P. e ROSENBAUM, Yudith (orgs.). *Interpretações: Crítica Literária e Psicanálise*. Cotia (SP), Ateliê Editorial, 2014, p. 222.

Índice de Conceitos

A

acaso 65, 114, 116, 144-145, 157-158
alíngua 172, 174, 184
alucinação fundamental 101, 107
amizade 33, 35, 93, 107, 151
amor 25, 40, 69-71, 75-76, 79, 82, 89, 107-109, 114, 117-120, 137-138, 140, 150-153, 160, 162, 173, 182
art 186, 204
arte 11, 13, 34, 39, 41-42, 53, 62, 64, 72, 80, 82, 84, 92, 96, 103-104, 109, 103-104, 109, 112-114, 141, 149-150, 152, 168, 173, 180, 186, 191, 194

B

belo 43, 50, 171

C

caderno 18, 45, 82, 91, 197
comédia 24, 96-97

corpo 45, 49-50, 64, 76, 115, 118, 123-128, 130-131, 139, 141
crítica genética 14, 20
crítica literária 83, 100

D

desejo 12, 14, 17, 24, 41, 43, 47-48, 52-53, 61, 64, 77, 85, 87-88, 94-96, 100-102, 106-107, 117, 127-128, 139, 149, 152, 161, 187, 191, 207
devaneio 17, 113, 136

E

escritura 10, 19, 24, 33, 36, 40, 42, 62, 64, 84, 89, 92, 94, 101-102, 109, 117, 128-129, 140-141, 156, 166-167, 169, 172-173, 175, 179-186, 191, 194-199, 209
espelho 116, 154, 162-163, 175-176, 190

estilo 42, 59, 62-65, 82, 103, 111-112, 129, 134, 167-173, 184-185, 198
eu 28- 30, 40, 42, 46-47, 49-50, 56, 58, 61-63, 65, 70, 73-74, 79-80, 90-91, 93, 95-96, 99-100, 106-108, 111, 113, 115, 118, 125-129, 133-135, 137, 139-141, 146, 155-156, 170, 172, 190-191

F

fantasma 58, 92, 96, 150, 152
ficção 35-36, 87, 112, 147, 167, 181

G

gênese 45, 186
gozo 12, 14, 44, 87-88, 126, 128, 162, 169, 169, 174, 180, 190, 195-196, 198
grão de gozo 180, 195-196, 198
grito 185-186

I

identificação 96, 115, 154, 190
ilusão 108, 139, 199
imaginário 29, 131, 152, 194
inconsciente 12, 28, 52, 87, 101-102, 108-109, 112, 119, 124, 136, 170, 174, 179, 181, 195-196
interpretação 45, 47, 62, 94, 106, 163
introspeção 45, 48, 51
isso 26-27, 35, 44, 69, 72, 77, 81, 87, 101-104, 107-108, 114, 121, 127, 145, 167, 174, 198

J

judeu 197

L

lalangue 205
lei 103, 144-145, 172
leitura 14, 19, 20, 51- 52, 62, 64, 91, 102, 104, 116, 120, 135-136, 140, 154, 161, 167, 170-171, 179, 183, 189-190, 194-198

literatura 12-13, 34, 40, 56, 62-63, 80-81, 86-87, 99, 102, 150, 182, 198

M

manuscrito 17, 70, 96, 102, 180, 193-199
melodia 13, 60, 114, 151, 154, 156, 161-163, 189
mentira 106, 118, 140, 166
metáfora 45, 63, 85, 191
mito 33, 46-47, 152
morte 12, 46, 77, 117
música 50, 60-61, 112, 118-119, 153, 157, 161-163, 170-172, 184-186

O

odor 197

P

paixão 41, 106, 108-109, 136-138, 150, 163, 173
pensamento 47, 69, 84-85, 113, 125-126, 135-136, 144, 155, 167-169,
perverso 191
pintura 113, 130, 135, 157
política 32-35, 65, 85, 148
prazer 25, 36, 39, 41, 46, 48-50, 52-53, 68, 93, 99-101, 103, 105, 126, 128, 130, 144-146, 181
processos de criação 40, 199
psicanálise 13, 28, 70, 105, 124, 170, 174, 179
pulsão 19-21, 42, 101-102, 128, 172, 174, 180, 183-184, 190, 193, 196

R

rasura 102, 168, 180-181, 185, 187
Real 19, 87, 195
retrato 32, 34, 114, 150
roda da escritura 42, 102, 156, 179, 195, 197
roda da leitura 189-190, 194, 197-198

S

scriptor 181, 195
simbólico 19, 87, 108, 112, 152
sonho 111-112, 115-117, 135
style 25, 191, 205
sublimação 191

T

teoria literária 36, 102, 181, 209
ternura 39, 40, 47-48, 57-58, 71, 90, 96, 117, 128, 150, 163
texto móvel 195
transferência 128

transfert 209

V

vaidade 26, 28, 34
verdade 39, 47, 52, 61-63, 65, 73, 95, 100, 115, 125, 143, 147, 150, 152, 162
vérité 186, 204
voix 30, 184, 202, 205
voz 19, 26, 40, 44-45, 49-50, 52--53, 61, 73, 130, 140, 161, 167, 169-171, 175, 184, 186-187, 193-195

Índice Onomástico

A

Albaret 63, 201
Albertine 70, 105, 134, 140, 142--143, 152, 196, 205
Almeida 29, 149, 198, 201
Amirault 174, 201

B

Bales 17, 201
Balzac 24-25, 31, 34, 76, 87, 129, 151, 201
Bauchau 43, 59, 179, 183, 186-187, 189, 194-195, 197, 202
Baudelaire 59, 86
Bedriomo 119, 202
Beethoven 158-159
Béhar 31, 202
Bekmambetov 88
Bergotte 19, 46, 53, 59, 66, 79-88, 165-172, 174-176, 181, 185
Berma 39-53, 60-61, 74, 89, 93-96, 105-107, 109, 142, 168, 191
Bernini 44
Bibesco 129
Bizub 128-129, 202
Bloch 79-80, 124, 140, 202
Boileau 43, 81
Bontemps 142-143, 145, 147
Botticelli 113
Brian 30, 147, 205
Brun 165, 172, 202, 205

C

Cardinal de Retz 32
Carpaccio 44
Carpi 18, 202-203
Castro 92
Cerqueira dos Anjos 160
Charcot 44, 128
Chateaubriand 151
Chemana 124, 202
Citati 18, 202
Cottard 11, 23, 30-33, 40, 74, 130--131, 140, 145, 157, 202

Cottet 174, 201
Craig 43, 106, 202
Crémieux 112, 202

D

Derrida 179-180, 202
Descartes 120-121, 202
Deschanel 35
Descombes 103, 109, 202
Diel 28, 202

E

Eels 141, 203
Erman 203

F

Flaubert 59, 76, 86-87, 194, 197, 199
Françoise 48, 64, 103-104, 108--109, 123, 126, 140, 199, 204
Freeman 88
Freud 19, 43-44, 52, 70, 100, 119, 121, 124, 136, 169, 180, 203

G

Gabriel 45, 111-112, 160
Gabriel d'Annunzio 45
Gasiglia-Laster 18, 203
Genette 17, 30, 203
Gershwin 157
Gilberte 11, 17-18, 40, 46-47, 53, 55, 77, 79, 89, 90, 93, 97, 107, 109, 113, 115-119, 123, 126, 133-136, 138-143, 189
Goethe 52
Goncourt 24
Gould 131, 203
Gracq 90, 180, 203
Grésillon 102, 203
Guermantes 12, 18, 33-34, 41, 46, 58, 62, 64, 74, 76-78, 95, 105, 113, 117, 123, 131, 141, 146--148, 150, 172, 191, 205

H

Halévy 112, 202
Hamon 116, 203

Hassine 26, 203
Hay 182, 203
Hugo 57, 159

J

Jenny 84, 203
Jolie 88
Jullien 65, 203
Juranville 101, 204

K

Kalifa 160, 204

L

Lacan 19, 43-44, 101-103, 138, 169, 172, 185, 190, 193, 204, 206
Le Bon 52, 204
Leclercq 186, 204
Leriche 199, 204
Liszt 151
Locke 43
Loewenstein 124
Longin 43, 81
Lyotard 119, 204

M

Maeterlinck 46, 53
Maine de Biran 43
Marcel 11, 13, 17-18, 23, 26, 30-31, 36, 41-43, 52, 63-64, 73, 82, 129, 147, 181, 196-197, 202--203, 205
Marx 44, 80, 204
Mauriac 196, 205
McAvoy 88
Mc Dougall 52, 204
Miguet 123, 204
Miller 172, 205
Milly 19, 167, 175, 191, 205
Molière 32, 53, 159, 175
Mozart 13, 59-60, 131
Muller 30, 205
Murat 84, 205

N

Nerval 57, 117, 205
Nietzsche 170

Norpois 9, 11, 12, 14, 23, 27, 29, 32, 34-37, 39-40, 53, 55-56, 59-65, 67-69, 79-80, 82-91, 93-94, 97, 100, 103, 163, 173, 181-182

O

Offenbach 112, 202
Ostrower 183, 205

P

Passos 193, 197, 205, 206
Pernot 174, 201
Perrault 112, 205
Phillips 197, 205
Plon 124, 206
Plutarque 76
Poutier 183, 205

Q

Quénardel 174, 201
Quignard 19, 76, 108, 187, 202, 205

R

Racine 45-46, 50, 53, 94, 96, 106
Recanati 43
Ribot 35
Richard 17, 123, 201, 205
Ricoeur 102
Rivière 26, 196
Robert de Saint-Loup 77, 141
Roch 174, 201
Rollin 87-88
Rosenbaum 193, 197, 205-206
Roudinesco 124, 206
Rousset 113, 206
Ruskin 73

S

Safatle 41
Sainte-Beuve 36, 59, 72, 82-83, 85--86, 181-182
Saint-Girons 169-170, 206
Saint-Hilaire 76

Salles 198, 206
Saussure 168, 172
Schneider 182, 206
Schreber 124, 206
Sibony 86, 206
Silva 15, 64, 70, 81, 95, 205-206
Sollier 128-129
Souza 140, 174
Stanislavski 106, 206
Stendhal 75, 175-176, 206
Swann 11-12, 14, 17-18, 23, 25-33, 39, 40, 42-43, 50, 55, 66-77, 79-80, 89-91, 93, 113, 118-120, 140-154, 160-165, 201

T

Trarieux 160
Turner 73

V

Vandermersch 124, 202
Vaugeois 80-81, 206
Verdurin 11-12, 30-31, 72-73, 145, 159, 162
Vico 169-170, 206
Vigny 83, 206
Villeparisis 12, 41, 146
Vinci 136, 141
Voltaire 53, 81

W

Wagner 24-25, 119, 202
Wartbuch 124, 202
Werther 52
Willemart 11-14, 30, 33, 42-43, 58, 64, 88, 92, 101-102, 105, 115, 123, 131, 150, 154, 156, 162, 173, 179, 181, 186, 190

Z

Zola 116, 206
Zular 193, 206

Livros do Autor

────◆────

Escritura e Linhas Fantasmáticas. São Paulo, Ática, 1983 (col. Ensaios, 92).
Universo da Criação Literária. São Paulo, Edusp, 1993.
Além da Psicanálise: a Literatura e sua Artes. São Paulo, Nova Alexandria, 1995.
Dans la chambre noire de l'écriture. (*Hérodias* de Flaubert).Toronto, Paratexto, 1996 (Versão original de *Universo da Criação Literária*).
A Pequena Letra em Teoria Literária: A B C (A literatura subvertendo as teorias de Freud, Lacan e Saussure). São Paulo, Annablume, 1997.
Au-delà da psychanalyse: les arts et la littérature. Paris, L'Harmattan, 1998. (versão com acréscimos de *Além da Psicanálise: a Literatura e as Artes.*)
Bastidores da Criação Literária (Aspectos inéditos da teoria literária). São Paulo, Iluminuras, 1999.
Proust, poète e psychanalyste. Paris, L'Harmattan, 1999.
Proust, Poeta e Psicanalista. Cotia (SP), Ateliê Editorial, 2000.
A Educação Sentimental em Proust. Cotia (SP), Ateliê Editorial, 2002.
L'éducation sentimentale chez Proust. Paris, L'Harmattan, 2003.
Crítica Genética e Psicanálise. São Paulo, Perspectiva, 2005.

A la découverte des sensações dans La Prisonnière de Marcel Proust. Paris, L'Harmattan, 2007.

Critique génétique: pratiques et théorie. Paris, L'Harmattan, 2007.

De l'inconscient en littérature. Montréal, Liber, 2008.

Os Processos de Criação na Escritura, na Arte e na Psicanálise. São Paulo, Perspectiva, 2009.

Le sujet de la jouissance dans les arts, la littérature et en psychanalyse. Montréal, Liber, 2011.

Le manuscrit chez Gustave Flaubert. <http://flaubert.univ-rouen.fr/ressources/trois_contes.php>, 1984/2013.

Psicanalise e Teoria Literária: O Tempo Lógico e as Rodas da Escritura e da Leitura, Perspectiva, 2014.

Le Doux Chantre Bergotte dans "À l'ombre des jeunes filles en fleurs" de Marcel Proust. Saint-Denis, Edilivres, 2015.

Coleção Estudos Literários

1. *Clarice Lispector. Uma Poética do Olhar*
   Regina Lúcia Pontieri
2. *A Caminho do Encontro. Uma Leitura de* Contos Novos
   Ivone Daré Rabello
3. *Romance de Formação em Perspectiva Histórica.* O Tambor de Lata *de G. Grass*
   Marcus Vinicius Mazzari
4. *Roteiro para um Narrador. Uma Leitura dos Contos de Rubem Fonseca*
   Ariovaldo José Vidal
5. *Proust, Poeta e Psicanalista*
   Philippe Willemart
6. *Bovarismo e Romance:* Madame Bovary *e* Lady Oracle
   Andrea Saad Hossne
7. *O Poema: Leitores e Leituras*
   Viviana Bosi et al. (orgs.)
8. *A Coreografia do Desejo. Cem Anos de Ficção Brasileira*
   Maria Angélica Guimarães Lopes
9. Serafim Ponte Grande *e as Dificuldades da Crítica Literária*
   Pascoal Farinaccio
10. *Ficções: Leitores e Leituras*
    Viviana Bosi et al. (orgs.)
11. *Samuel Beckett: O Silêncio Possível*
    Fábio de Souza Andrade
12. *A Educação Sentimental em Proust*
    Philippe Willemart
13. *João Guimarães Rosa e a Saudade*
    Susana Kampff Lages
14. *A Jornada e a Clausura*
    Raquel de Almeida Prado
15. *De Voos e Ilhas. Literatura e Comunitarismos*
    Benjamin Abdala Junior

16. *A Ficção da Escrita*
    Claudia Amigo Pino

17. *Portos Flutuantes. Trânsitos Ibero-afro-americanos*
    Benjamin Abdala Junior et al. (orgs.)

18. *Percursos pela África e por Macau*
    Benilde Justo Caniato

19. *O Leitor Segundo G. H.*
    Emília Amaral

20. *Angola e Moçambique. Experiência Colonial e Territórios Literários*
    Rita Chaves

21. *Milton Hatoum: Itinerário para um certo Relato*
    Marleine Paula Marcondes e Ferreira de Toledo

22. *Mito e Poética na Literatura Contemporânea. Um Estudo sobre José Saramago*
    Vera Bastazin

23. *Estados da Crítica*
    Alcides Cardoso dos Santos (org.)

24. *Os Anos de Exílio do Jovem Mallarmé*
    Joaquim Brasil Fontes

25. *Rabelais e Joyce: Três Leituras Menipeias*
    Élide Valarini Oliver

26. *Manuel Bandeira e a Música com Três Poemas Visitados*
    Pedro Marques

27. *Nas Tramas da Ficção. História, Literatura e Leitura*
    Clóvis Gruner e Cláudio DeNipoti (orgs.)

28. *Cabo Verde. Literatura em Chão de Cultura*
    Simone Caputo Gomes

29. *Diálogos Literários. Literatura, Comparativismo e Ensino*
    Agnaldo Rodrigues da Silva (org.)

30. *Olga Savary. Erotismo e Paixão*
    Marleine Paula Marcondes e Ferreira de Toledo

31. *Axis Mundi. O Jogo de Forças na Lírica Portuguesa Contemporânea*
    Nelson de Oliveira

32. *Portanto... Pepetela*
    Rita Chaves e Tania Macêdo (orgs.)

33. *Marx, Zola e a Prosa Realista*
    Salete de Almeida Cara

34. *Fogos de Artifício: Flaubert e a Escritura*
    Verónica Galíndez-Jorge

35. *A Literatura Portuguesa: Visões e Revisões*
    Annie Gisele Fernandes e Francisco Maciel Silveira (orgs.)

36. *Gérard de Nerval: A Escrita em Trânsito*
    Marta Kawano

37. *Palavra e Sombra: Ensaios de Crítica*
    Arthur Nestrovski

38. *Estudos sobre Vieira*
    João Adolfo Hansen, Adma Muhana e Hélder Garmes (orgs.)

39. *Escritas do Desejo: Crítica Literária e Psicanálise*
    Cleusa Rios P. Passos e Yudith Rosenbaum (orgs.)

40. *Porvir que Vem Antes de Tudo. Literatura e Cinema em* Lavoura Arcaica
    Renato Tardivo

41. *Realidade Possível: Dilemas da Ficção em Henry James e Machado de Assis*
    Marcelo Pen Parreira

42. *Traduzir o Poema*
    Álvaro Faleiros

43. *A Transmutação Metalinguística na Poética de Edgard Braga*
    Beatriz Helena Ramos Amaral

44. *Interpretações: Crítica Literária e Psicanálise*
    Cleusa Rios P. Passos e Yudith Rosenbaum (orgs.)

45. *Jacques Derrida: Entreatos de Leitura e Literatura*
    Roberto Said & Luiz Fernando Ferreira Sá (orgs.)

46. *Literatura e Memória Política: Angola. Brasil. Moçambique. Portugal*
    Benjamin Abdala Junior e Rejane Vecchia Rocha e Silva (orgs.)

47. *Caminhos do Romance em Portugal: Camilo, Eça e o Folhetim Francês*
    Andréa Trench de Castro

48. *Modernização pelo Avesso: Impasses da Representação Literária em* Os Contos de Belazarte, *de Mário de Andrade*
    Wilson José Flores Jr.

49. *A Poesia como Pintura: A Ekphrasis em Albano Martins*
    Álvaro Cardoso Gomes

50. *Matéria Lítica: Drummond, Cabral, Neruda e Paz*
    Mario Higa

Título	Os Processos de Criação em À Sombra das Raparigas em Flor
Autor	Philippe Willemart
Editor	Plinio Martins Filho
Produção Editorial	Aline Sato
Capa	Tomás Martins (projeto gráfico) Hélio Vinci (ilustração)
Revisão	Philippe Willemart Plinio Martins Filho
Editoração Eletrônica	Camyle Cosentino
Formato	12,5 × 20,5 cm
Tipologia	Minion Pro
Papel	Chambril Avena 80 g/m² (miolo) Cartão Supremo 250 g/m² (capa)
Número de Páginas	224
Impressão e Acabamento	Bartira Gráfica